明日使える
仕事術

笑談力

～思わず微笑むダジャレ108選～

川堀 泰史

ビジネス教育出版社

はじめに

今から15年ほど前、大阪で広告営業をしていた時のこと。ある広告主（クライアント）を訪ね初対面の担当者と名刺交換をすると、その名刺には「マイケル○○」という名前。「はは～ん。この方はハーフかクリスチャンだな」と思っていると、その横に座った同部署の方から「いやあ、こいつの口癖が『ま、行ける。ま、行ける』といつも楽観的な奴なんで、それを名刺に刷り込んでマ・イケルにしただけなんですよ」という解説。

何という意外性、ノリの良さ、大胆さ、そしてインパクト。**一気に初対面の緊張はほぐれ、笑いの中でスムースに仕事の話が進みました**。関西人のオープンマインド、ユーモアセンス、ツカミの凄さに感心させられるとともに「やはり**ビジネスにはユーモア、ダジャレが必要**だ」と意を強くした貴重な経験でした。そして改めて**ダジャレの威力、笑談力に惹きつけられた瞬間**でした。

私は新聞社や広告会社で広告営業を中心に約40年にわたるビジネスマン（サラリーマン）生活を送ってきました。広告営業はお客様のコミュニケーション課題の解決をお手伝いする仕事ですが、景気の波に左右されることも多く、それこそ課題が次々と生まれその対応に追われます。最初の計画がそのまま最後まで進むことなどまずありません。それを軌道修正し、お客様のためにいい方向へ持っていく——いわば〝変化対応業〟なのです。「課題に対処するにはとにかく広告主（クライアント）など関係する皆さんに会っていただいて話を聞いてもらうのが第一。そしてできれば和やかな雰囲気の中で好印象を持ってもらい課題解決につなげたい」。私はいつもそればかりを考えていました。

そして**それに役立ったのがタイミングのいいダジャレや冗談から発せられる「笑い」**でした。それらの笑いが和やかさを演出してくれ、いい方向に向かわせてくれたことが幾度もありました。いつしか私が「今日はどんなダジャレ、冗談を言うか」を期待して待っていてくれる広告主（クライアント）がかなりいらっしゃいました。

長年、会社勤めをしていれば予想外の厳しい出来事も起きます。ついつい暗く、下を向きがちな中で、**私が発した絶妙なダジャレ、笑い、ユーモアで雰囲気をガラッと明るく変えられた**こともありました。ダジャレ、そして笑い、ユーモアが自分や窮地を救ってくれました。**「ダジャレ力、笑談力のお蔭」**と言っても過言ではありません。

この40年、概ね、「明るく、元気に、前向きに」「笑わすセールスマン」としてダジャレを連発しながら笑談力を磨き、課題に対処、たのしくやってこられたのが何よりの幸せです。ブラックユーモアの効いた「笑ゥせぇるすまん」という人気漫画がありましたが、私が目指したのは人をたのしくさせる「笑わすセールスマン」でした。

自分を冗談好きな明るい性格に産んでくれた今は亡き両親や、笑い、笑わす環境に自分を置いてくれた家族や親戚、同僚、仲間など関係各位に深く感謝する次第です。飽きっぽい性格の私が40年ものビジネスマン人生を何とか前向きに過ごせたのもそうした人々に恵まれ、いつもダジャレや冗談を言いながら**笑いの中で自分を思い切って表現できたお蔭**です。迷惑に感じていた方もいらしたかもしれませんが、自分では「笑う過度(門)には福来る!」という心境、ビジネスマン人生です。

「会社に笑いは必要か」「ビジネスユーモアは重要か」「ダジャレは有効か」「笑談力は大切か」と言われれば「もちろん、イエス」です。**人間だけに許されている笑い、ユーモアは人の集まりである会社や人と人のコミュニケーションで成り立つ仕事を活性化**します。知恵がなく心が狭く言葉を知らない者は恫喝や威嚇によって人をコントロールしようとしますが、知恵があり心が広く言葉を知っている者はユーモア、笑い、そしてダジャレ力、笑談力で人を惹きつけます。

第2章で詳しくご紹介しますが、宅配ピザ大手の「ドミノ・ピザ ジャパン」は「ダジャレが言える会社に勤務する人とダジャレが言えない会社に勤務する人には、職場環境への満足度に約4割の差がある」という調査結果を公表していました。ダジャレを言葉の遊びとして軽蔑、敬遠する向きもありますが、同社は社長自らがダジャレの威力を理解しキャンペーンを展開し大きな反響を呼びました。**ダジャレによってもたらされる笑い、ユーモアが職場環境を充実させる**ことを証明してくれました。

私は会社(企業)にはCIO(Chief Information Officer)やCFO(Chief Financial Officer)と同じように職場や仕事を笑いで活性化する、ビジネスユーモアを担当するCHO (Chief Humor Officer)が必要だと考えます。

もちろん誰しもが必ず人を笑わせられるということはありません。人には得手、不得手があり笑うことや、笑わすことが苦手な人は大勢います。人それぞれに育った過程(家庭?)も異なります。「ダジャレなんかとんでもない」という人もいるでしょう。ましてや仕事が絡むビジネス社会では笑ってはいられない場面も多々あります。しかし私の経験上では**笑わせ、笑ったほ**

うが結果はいいのです。

「人を笑いの渦に巻き込む」などにはかなりのセンス、能力が必要でしょうが、私が見てきた限りでは「できれば人を笑わせたい」「笑いの中で和やかに仕事を進めたい」と願い、ポイントをわきまえて努力（準備）を重ねれば、ビジネス社会においても何度（難度？）かに1度なのか、ある程度の笑いは取れ、人を笑わすことができるようになります。特にセールス、営業の仕事を志す人には自ずとそうした資質が備わっていたり、潜在していたりするはずです。

実は私も入社10年目までは内勤職場におり仕事中でのダジャレ、冗談などは控えめで、むしろ会社では「堅物」でした。しかしその後、営業職場に移りお客様との円滑なコミュニケーションが必要になり自分らしさ、和やかさを発揮しなければならなくなった時に、子供のころからプライベートでは発していたダジャレや冗談を、思い切って職場、仕事に持ち込み堅物からの脱却、変身を図ったのです。普段の生活での笑談を仕事でも区別することなく実践したのです。

第1章で詳しく紹介しますが、**経験の中で私なりに考えた「笑いを生むポイント」は5つ**です。営業職場に移りお客様との笑談を繰り返すうちに、私はこの「笑いを生むポイント」に気付きました。失敗を繰り返し、実践を重ねていくうちにダジャレにキレが加わりダジャレ力、笑談力が増し、人とのつながりが生まれ、人も認めてくれる「笑わすセールスマン」になっていきました。

営業は「雑談8割、商談2割」などと言われますが、雑談は確かに相手との間にリラックス感を生み距離を近付け商談への導入を促してくれます。しかしダジャレ力を鍛えて相手を笑わせ惹きつけることができればもっと深いコミュニケーションが図れ、商談にさらにスムースに入っていける可能性があります。ダジャレは「同じ、あるいは非常に似通った音を持つ言葉を掛ける遊び」ですが、私は**ダジャレには雑談などと違って、一瞬で笑いを引き起こすことで場面を転換できる力がある**と確信します。まさに「ダジャレ力」です。いいダジャレは場面を転換できる力を備えているのです。**ダジャレによって生まれる「笑談」が商談に深みを増してくれる**のです。

予定通りハッピーリタイアメントを迎え、数字（売上・利益）に追われる日々から解放され、悠々自適、いや悠遊〝自主的〟に、自由に時間が取れるようになったので、40年間、笑いながら明るく、前向きにビジネスマン生活を送れたことへの感謝を込めて、自分の体験をもとにダジャレの威力、笑談力などについてまとめてみたくなりました。私が創作したオリジナルのダジャレを「笑例」としてご紹介します。単なるダジャレの羅列ではなくストーリー、会話形式に仕立てています。その数は108。除夜の鐘は108回ついて人間の煩悩を祓いますが、本書でご紹介する笑例が読者の皆さんの心に響き、スッキリ明るくたのしい気分になっていただけたら幸いです。

もっとも文章での再現ですから、どこまで臨場感が出ているかはわかりません。振り返りの説明なので新鮮味が欠けているかもしれません。皆さんの想像たくましくお読みいただければと思います。「イイね！」ならぬ「ウマい！」ボタンがどこまで押されるか。**ダジャレ力で人を惹きつける「戦略的ダジャレ読本」を目指しました**が、皆さんのお笑い、ダジャレ力、笑談力の向上の一助になればうれしい限りです。

「営業は目配り・気配り・ネタ配り」。さあ、皆さんにも「笑わすセールスマン」の私なりのフレッシュなダジャレや奨励したい笑例、凄ワザをふんだんにお配りしましょう。お試しください。ダジャレ力でレッツ！コミュニケーション。

明日使える仕事術 **笑談力**
～思わず微笑むダジャレ108選～

目次

第2章 笑いの効能 ～あなたのダジャレは世界を変える!?～

第5章 笑いを磨くヒント 〜思い立ったがダジャレ日！〜

第1章

笑いの本質

～人は笑うことを止められない～

（1）笑いは生活の必須アイテム!!

人は笑いたいから笑う

「人はなぜ笑うのか」「いつどんな時に笑うのか」など、笑いの構造や本質の「理論」については、古今東西に立派な研究や著書が数多くあるので、ビジネス社会で笑いの「実践」一本やりだった私が、したり顔をして語るよりもそちらに譲ったほうが賢明でしょう（興味のある方はインターネットで検索すれば数多くの笑いに関する参考文献を確認できます）。

それでも「理論」というほどのことではありませんが、私にもそれなりの一家言はあります。それは、人間は**「心の奥底で本能的に笑いを求めている」「笑いたいから笑うのだ！」**ということです。笑うことは人間が明るくたのしく生活していくうえで必須条件のように思います。「笑うことで自分の中で**精神的なバランスをとっている**のだ」とも考えます。

人間、だれしも生きていれば辛いこと、嫌なことに直面し悩みます。特にわれわれが生きる現代社会は課題山積で気掛かりなことが日々起こります。その対応がうまくいけばスッキリしますが、うまく解決できなければ気持ちもめげてストレスが溜まります。人間の主な感情は

「喜怒哀楽」で表されますが、この「喜楽」を実現するのに欠かせないのが笑いなのではないでしょうか。**「喜楽」を笑いで「気楽」に出せれば明るい気分になれます。**

怒哀―怒りたい、哀しいといった嫌なことは家庭生活でも起こりますし、ましてや利潤追求、競争の激しいビジネス社会では際限なく押し寄せます。待ったなしの課題対応に追われていれば精神的に疲れストレス漬けになります。とても「笑ってばかりはいられない」状況が続きますが、だからこそ辛く嫌なことを忘れる時間、癒しを求めて人は笑うのではないでしょうか。笑うことで「怒哀」の感情から離れ、嫌なことを忘れ、自分の気持ちにメリハリをつけバランスを取り、ストレスを解消しようとしているのです。そしてそれが次の仕事や生活に向かう活力、エネルギーとなっているのです。

よっぽどのへそ曲がりか、ご不幸に見舞われているお気の毒な立場にいらっしゃる方は別ですが「できることなら笑って明るくたのしく過ごしたい」というのが多くの人の本音、それは本能とも言える、人間が生きていくには必須のことなのではないでしょうか。笑いは嫌なことから心を解き放ってくれる妙薬です。ちょっとでも笑える場面があれば人はしかめ面から解放され晴れ晴れとした気分になり心が軽くなります。**笑顔が健康を創り、健康が笑顔を創る**のです。

ビジネス社会でもしかめ面でお客様に接していては喜ばれることはありません。とっつきにくい人として敬遠されいい結果は得られません。ましてや恫喝や威嚇で人や仕事をコントロールしようとするなどはもってのほかです。万が一トップにそんな人がいれば社員は下を向き、笑顔や明るさが失われ人も組織も疲弊します。笑顔で明るく前向きに取り組んでいる人が多い組織は健全であり、多くの人に歓迎され成功します。**「仕事中でも大いに笑え！」**というのが私の信条です。

「仕事中に笑うのは不謹慎だ」と言う人がいるかもしれません。実は私も子供のころから笑える家庭、環境に育っていたので日常生活で笑うことには慣れていましたが、社会人になって「仕事中に笑ったり、冗談を言うのは不真面目だ」と思い遠慮をしていました。どちらかと言えば私は会社では真面目な「堅物」のイメージでした。しかし入社10年目で内勤職場からお客様との円滑なコミュニケーションが求められる営業職場に異動したことで、否応なしにこの「堅物」のイメージから脱却しなければならなくなったのです。「しかめ面」から「明るい笑顔」への転換です。仕事に普段の生活で実践していた笑いを持ち込むことにしたのです。子供の頃からの普段の笑いの一端は第3章でもご紹介します。

スマイルちゃんに癒された

人は本来的に笑顔になれる明るい話が好きです。

昨年、六甲山牧場の「笑っているヒツジ・スマイルちゃん」（**写真1**）が大人気でした。スマイルちゃんは普通の羊に比べると目じりが幾分下がっていて、食べたものを反芻してくちゃくちゃしている姿が微笑んでいるように見えるのが人気の要因でした。見えるのであって決して笑っているわけではありませんが、なぜか人間にはそう見えてしまう、いや見てしまうのかもしれません。**羊だけに「メイ惑」**（？）な話かもしれませんが、人間が勝手に〝発見した〟幸せネタです。

私も六甲山牧場のスマイルちゃんに会ってきましたが、その笑顔は思っていた以上にスマイルでした。それは他のヒツジより**「数マイル」**（？）先をいった

写真１

ような笑顔でした。スマイルちゃんが耳に着けているタグの番号は**315番**。語呂合わせですが**サイコー**（315）と読めなくもありません。人間にだけでなく他のヒツジやヤギにも慕われているようで引っ張りだこの大忙し。あちこちとせわしなく移動しながらサイコーの笑顔を振りまいていました。

　ほのぼのとした平和な日本を象徴するような微笑ましい話題と言ってしまえばそれまでですが、人間はどこかに「笑って明るく過ごしたい」という願いがあるからこうしたことが話題になるのでしょう。

　昨年後半には同じ神戸のどうぶつ王国の、ピンクの枕を抱いて寝るカンガルー豆蔵も人気者になりました。豆蔵にもご対面しましたが日向ぼっこをしながらゆったりと寝そべっている姿（写真2）はまさに癒し系。スマイルちゃんと同じく、のどかな気分にさせられ笑顔になります。枕を抱いて寝る姿は午後

写真２

のお昼寝タイムに見られるそうです。さらに神戸の船越山モンキーパークの金色の毛をしたニホンザル「ひかりちゃん」も人気を呼んでいます。

ところで六甲山牧場のスマイルちゃんといい、神戸どうぶつ王国の豆蔵といい、船越山モンキーパークのひかりちゃんといい、みな関西発の癒し系の話題なのは偶然でしょうか。やはりオープンマインドの関西なのでこうしたお笑いネタが出てくるのでしょう。「はじめに」の冒頭でご紹介した「マ・イケル○○さん」も関西の方でした。所在が分からずご了解を得られないので苗字を○○としていますが、私の中ではシャレのお返しに「マ・イケル冗談」と呼ばせていただいています。人にもよるのでしょうが、既成概念にとらわれない関西人のざっくばらんさがこうしたお笑いネタを提供してくれるのでしょう。

日本の笑いが世界へ

日本人は欧米人に比べるとユーモアや笑いのセンスに欠けていると言われます。確かに米国人などは大統領が率先して気の利いたジョークを飛ばします。丸山孝男『アメリカの大統領はなぜジョークを言うのか』（大修館書店・2011）という著書が出版されているほどです。オバマ大統領に関しても一昨年の夏にしゃれたジョークが飛び出しました。記者会見で紺やグレーではなく珍しくベージュのスーツを着たところ賛否両論が出ました。アメリカ大統領はファッションにまで注目が集まります。

翌日大統領報道官から「大統領は昨日の『決断』に自信を持っている。記者会見で夏用のスーツを着たことだ」とのコメント。記者団も大笑いしたというエピソードです。ファッションで「しゃれた」わけです。

日本人も昔に比べれば人前で臆することなく冗談を言い、堂々とたのしくコメントできる人が増えた気がします。活躍する最近の日本の若いスポーツ選手は必ずと言っていいほど笑顔で「たのしんでプレーできた」とコメントします。もちろん「厳しい練習に裏打ちされた日常があったればこそ」なのですが、緊張することなく前向きに実力を発揮しています。

ネットの世界では中国版ニコニコ動画とも言われている「ビリビリ動画」で超人気の山下智博さんのような若者も出現しています。日本人や日本の文化、生活習慣などを風刺的に描くことによって、ユーモアのあるたのしいコミュニケーションが成立しています。ネットを起点に難しい両国間の溝をユーモア、笑いで埋めています。既成概念にとらわれないお笑いのたのしい仕掛けが中国の若者に受け入れられ潤滑油となっています。

ファッションの世界では日本発の「かわいい」文化が世界的にも注目されていますが、私はこれからの時代、日本発のお笑いが創り出す**「たのしい」文化**がより評価されてくると確信します。アニメやネット動画などによって日本は笑いのあふれるおもしろい国、たのしい癒しの文化を持つ国としてのイメージが発信されています。元々狂言や落語などお笑い、滑稽の伝統芸能、文化を持つ国なのですから素養、下地はあるわけです。こうした日本の笑いの文化がうまく世界に発信されればグローバルに評価され、日本に笑いや明るさ、たのしさを求めて世界中から大勢の人が訪れてくれることも夢ではありません。

以前にライフネット生命の出口治明会長のお話を伺ったことがありますが、出口会長が目指したのは「朝起きたら、たのしいから、行きたくなる会社」です。そこには心が開放され、やる気に満ちた社員がイキイキとたのしく働く姿が想像できます。笑顔があふれ、働き甲斐、生き甲斐のある会社です。

創業者の堀場雅夫さんは２０１５年に惜しくも亡くなられましたが、堀場さんが掲げられた堀場製作所の社是は**「おもしろおかしく」**です。「おもしろおかしく」働く人が新しい仕事や世界、未来を切り開くのです。

（2）笑いを生むポイントは5つ

お客様への挨拶回りでスマイルちゃんや豆蔵、ひかりちゃんの話をすれば、だれでもハッピーな気分になれるような気がしますが、同じお客様に使える話題としては1回限りでしょう。何度もスマイルちゃんや豆蔵、ひかりちゃんの話ばかりをしているわけにはいきません。

ではどうすれば普段のやり取り、仕事の中でお客様から飽きられずに、思わず笑わせ、たのしくすることができるのでしょうか。

私は経験上、人を笑わす、笑いを生むには次の５つのポイントがあると考えています。

①「意外性のある」
②「ネタを」
③「タイミングよく」
④「笑いそうな人に」
⑤「言う」

何かこう書いてしまえば当たり前のような、とても驚くようなポイントではありませんが、実はこの5点がうまく揃うことはなかなか難しいのです。逆に言えば私の経験では、この5点が揃えばかなりの確率で人を笑わすことができるということです。詳しく見てみましょう。

①「意外性のある」

まず第1のポイントは「意外性のある」、つまり「**想定外**」(サプライズ)ということです。人は日常的な、予測できる事態や言葉に接してもあまり反応せず気にも留めませんが、想定外の、つまり見慣れていない事態を目の当たりにしたり、聞き慣れていない言葉を耳にした時には、新鮮味を感じ思わず惹きつけられます。「びっくりぽん」の世界です。意表を突かれ、心が緩み、笑う可能性が出てきます。サプライズな常識外れの「かわりダネ」が大きなインパクトとなり笑いを創り出します。

笑例1

私の仕掛けた笑いにこんな例がありました。それは真夏にセッティングしたかなり親しいお客様との少人数の宴席でのことです。お酒も入って和気あいあいと盛り上がっていた

部屋にどこからか蚊が一匹入ってきました。夏の蚊は元気いっぱいです。まるでわれわれの宴席に加わりたいかのようにそこかしこ飛び回っています。皆がその存在に気付きだれもが何とか自分の手で捕まえようと構えた時に、その蚊がちょうど私の目の前に飛んできました。私はパチッと首尾よくうるさい蚊を捕まえました。皆は思わず拍手。その時私はすかさず**「うまく蚊を捕まえたのでお1人から100円ずついただきます。これがホントのカショブン所得！」**。

蚊をやっつけた代償がまさか可処分所得に変わるとはだれも思いません。皆は私の想定外、かわりダネのダジャレに一瞬顔を見合わせましたが、次の瞬間に大笑い。

さらに**「カ　プ〜ン（過分）な所得をすみません」**と続けたので、宴席はますます盛り上がってしまいました。

爆笑を共有したそのお客様とは、その後ますます親しく実りある関係になりました。

②「ネタを」

第2のポイントは「ネタを」です。これは「おもしろいこと」「おかしなこと」など冗談の中身、材料です。**笑いを引き起こす話題**、アンコの部分です。笑いを取るにはそれなりのネタ、素材が必要になります。どんな商売でもそうでしょうが、人を呼べる繁盛店を創りたいならば、まずは良い商品や材料を仕入れなければなりません。売れそうな商品や材料を揃えサービスも考え、準備をするところから商売は始まります。笑いを取る、ウケるのも同じです。まずネタを仕込み、準備をする、環境を整える、準備することが重要なのです。これがしっかりできていないと笑いはなかなか取れません。

笑例1のカショブン所得の話も実はいつか使える場面が来るかもしれないと、以前に蚊を捕まえた時に私の頭の中で思いついたネタでした。それがたまたまお客様との宴席でチャンス到来となったわけです。もちろん私は蚊までは用意はしていません。お客様との宴席に、飛んで火に入ってくれた夏の虫が、意外性のあるネタを思い起こしてくれました。追い打ちの「カブ～ン」はその時のひらめきで出ました。

笑いを呼べるネタとしてはいろいろな中身、手法がありますが、手っ取り早く、速攻で笑いを取れるのはダジャレでしょう。「カショブン所得」はちょっとひねりが入っていたので笑いが起きるまでに少し時間がかかりましたが、もっと直線的なダジャレは、ハマれば即効で笑いが取れます。

笑例2

またまた宴席でのネタで恐縮ですが、今度は中華料理で和気あいあいとお客様とやっていた時のことです。その店は鶏肉とカシューナッツを炒めた料理が旨いのでそれを大皿で注文しました。やがて見た目にも美味しそうな一品が運ばれてきました。お客様の一人が小分けした料理を口に運ぼうとしましたが油で炒めてあるのでちょっと滑ってうまく箸でつかめません。

そこで私はすかさず**「これはちょっとトリニクいですね」**。お客様も思わずニッコリ。私の箸休めのフォローが効いてますます宴席が盛り上がりました。調子が出てきたお客様からも**「トリ皿お替わり！」**などと威勢のいいダジャレも飛び出しました。ニッコリ、マッコリな宴席でした。

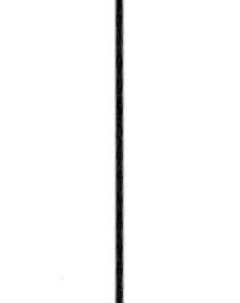

このようにダジャレは**「同じ、またはとてもよく似た音を持つ言葉を掛ける単純な遊び」**ですが、単純とは言えない笑いの広がり、奥行きを即効で演出してくれます。これがダジャレの威力、**「ダジャレ力」**です。

③「タイミングよく」

第3点の「タイミングよく」というのも笑いを引き起こす重要なポイントです。その話題で盛り上がっている時に間髪を入れずに関連するネタを披露する、ダジャレやギャグを発するからこそウケるのです。その**ネタを出す間**（マ）、まさにジャストタイミングが重要なのです。タイミングを失ったら後の祭り。せっかくのネタにも反応は起きず笑いも出ません。もう笑いのトキはどこかに飛んで行ってしまっています。それをわからずに言い続ければせいぜい失笑を買うぐらいのことにしかなりません。そういう笑いの取り方もありますが……。

笑例1の「カショブン所得」や笑例2の「トリニクい」のネタもそれぞれにその場の雰囲気の中でジャストなタイミングで発せられたので笑いを取ることができたのです。

私が「タイミングよく」放った別のダジャレの一つを紹介します。またまたこれも食事の時のネタです。第4章で詳しく紹介しますが、大体お酒が入る宴会、食事時などは参加者が開放的な気分になっているので笑いを仕掛けやすい絶好な場なのです。

笑例3

今回はちょっと高級なイタリアンの店での話。前菜からパスタ、メインへと美味しい料理が次々と運ばれ、ワインの味もよく、皆さん、舌とお腹のほうは満足な様子です。しかし私が参加している食事会ですから、参加している人は「どこかで美味しい料理とは別に気の利いた味のお笑いネタが登場するのでは」という期待感に満ちあふれています。

でも今回は高級店の雰囲気にのまれたのか、なかなかダジャレが出ません。メインの料理も終わりかけ、次はデザートという時（タイミング）に**「皆さん、パン・ノコッタ！このままパンを残しておくとこれがデザートに早変わりしてしまいますよ。パン・ノコッタ！別のデザートを頼みたい人はさあパンクチャル、パンクチャル」**。皆さんは「ナンノコッタ？」とあきれ顔。これを受けて私はさらに**「いやナンン・ノコッタだとインド料理になってしまうのでパン・ノコッタです」**と訳の分からないつぶやき。皆さんはあきらめ顔で残ったパンを大笑いで食べてくれました。とてもドメスティックな私ですが、ちょっとはイタリア語や英語のダジャレも言えるのです。ちなみにパンクチュアルは「時間厳守」というこの場にピッタシの意味でした。

④「笑いそうな人に」

第4のポイントは「笑いそうな人に」という何かこれも当然のことのようですが、実は笑いが起きるにはその場、空間に集まっている人々に「何かおもしろいことがあれば笑う」という姿勢、**共通認識**がなければなりません。**笑いが起きやすい場**（グラウンド）、環境です。「場・空間の共有」といってもいいでしょう。この一体感がないとどんなにいいダジャレや冗談が飛び出しても空気は冷ややかで、しらけていい笑いは起きません。

一昨年から昨年にかけてブレークしたお笑いコンビ・日本エレキテル連合の持ちギャグ「**ダメよ～ダメダメ**」は、単純な言葉の繰り返しなのですがなぜか笑いました。滑稽ないでたちの二人が出てきて掛け合いの中でこのギャグをタイミングよく発すると、「待ってました！」とばかりに笑いが起きます。人々はいつこの「**ダメよ～ダメダメ**」が出るのか期待して待っているのです。特に子供たちには大ウケでした。２０１４年の流行語大賞まで受賞したほとんどの人が知っているギャグでした。

私も仲間内で「**ダメよ～ダメダメ**」をタイミングよく発して笑いを取るのに何度も成功しま

した。ビジネス上の会話の中でも相手との交渉がこちらの思い通りの展開にならない時に、タイミングを見て**「ダメよ～ダメダメ」**と冗談交じりに軽く言って笑いを取り「それではもう少し違う道、方法を考えるか」と場面転換ができた方もいたのではないでしょうか。正面切って「ダメです！」と否定されれば相手も「ノー！」となりますが、**流行のギャグを使いながら軽い拒否反応を示す**ことで、相手も軽いノリで「仕切り直してみるか」ともなるわけです。これも共通のグラウンドがあったればこその話です。

なぜ単純なギャグで笑えるのか。それは**聞く人に共通の認識**があり、皆にある程度**笑う準備が整っている**からです。ホームグラウンドにいるような感じです。**「ダメよ～ダメダメ」**を聞けば条件反射的に笑ってしまうわけです。私はこの共通認識、場や空間の共有こそが笑いが起きる大きなポイントの一つだと確信します。ですからその場で笑いを取ろうとしたら、まず笑いが起きるグラウンドを整えておかなければなりません。笑例1の**「カショブン所得」**でも、笑例2の**「トリニクい」**でも、笑例3の**「パン・ノコッタ」**でも笑ってくれた皆さんは、私が冗談好きの人間で、今日も必ずダジャレで笑わそうとすると認識してくれているお客様でした。初めからある程度、環境が整っていたわけです。

寄席などではそもそもお金を払って「落語や漫才を聞いて笑いたい」という人が集まっている

わけですから、よっぽど下手な芸でもない限り笑いは取れるはずです。笑う側も笑うことに慣れているわけです。しかし笑わす側、笑う側が素人の場合はそれなりに場を創っておかなければなりません。

私もそうですが「ダジャレやギャグで笑わせてくれる。今日も何か出る」という期待感、認識には応えていかなければなりません。ＮＨＫで休日に天気予報を担当している気象予報士の南さんやタレントのデーブ・スペクターさん、ＮＨＫの番組「ダーウィンが来た！」に出てくるひげ爺などはしゃれたダジャレをいうことで有名ですが、自分たちの普段（不断？）の努力でそうした共通認識を創ることに成功しているのです。

そのグラウンドの中に自分に呼応してダジャレや冗談を言って笑わす人がいてくれれば環境としては最高です。その人が笑わせているうちに自分は頭を回転させ、次の準備ができるわけですから、うまくいけば掛け合いでスパイラル的に、止め処なく笑いが続くという結果になります。私もＩさんというビジネスマン生活で最も親しかった冗談好きの仲間とともに参加した宴席で、何度もこの掛け合い・スパイラル現象を巻き起こしました。これが成功するには張り合うのではなく、お互いのワザの特徴、笑いのツボを理解して漫才のように「掛け合う」ことが必要なのです。

⑤「言う」

第５のポイントの「言う」というのも当たり前の話ですが、ダジャレや冗談を実際に口にする、発する、つまりＤＯ（ドゥ）、**自ら行動する**ということです。いくら意外性のある、いいネタ、タイミングがあって、そこにすぐにでも笑ってくれそうな人がいても自らの口や体でこれらを活かして、発する（行動を起こす）ことがなければ笑いは起きません。何よりも大切なのは言うこと＝ＤＯ（ドゥ）＝**自ら発する、仕掛ける**ことです。当たり前のことなのですが、実はこれが一番難しいのです。遠慮やこだわりがあってはネタを口にすることはできません。そうなると場にそれは届かず共感の笑いは起きません。恥ずかしさを捨て思い切って言うことが何よりも重要です。最初から笑いを生むダジャレをスムースに言える人はほとんどいません。私もそうでしたが**スベッタり、ハズシタり、何度も失敗して度胸が付き、やがて言えるようになる**のです。まず一歩を踏み出すことです。

以上の５つのポイントは（図１）のようにしりとりにして覚えます。

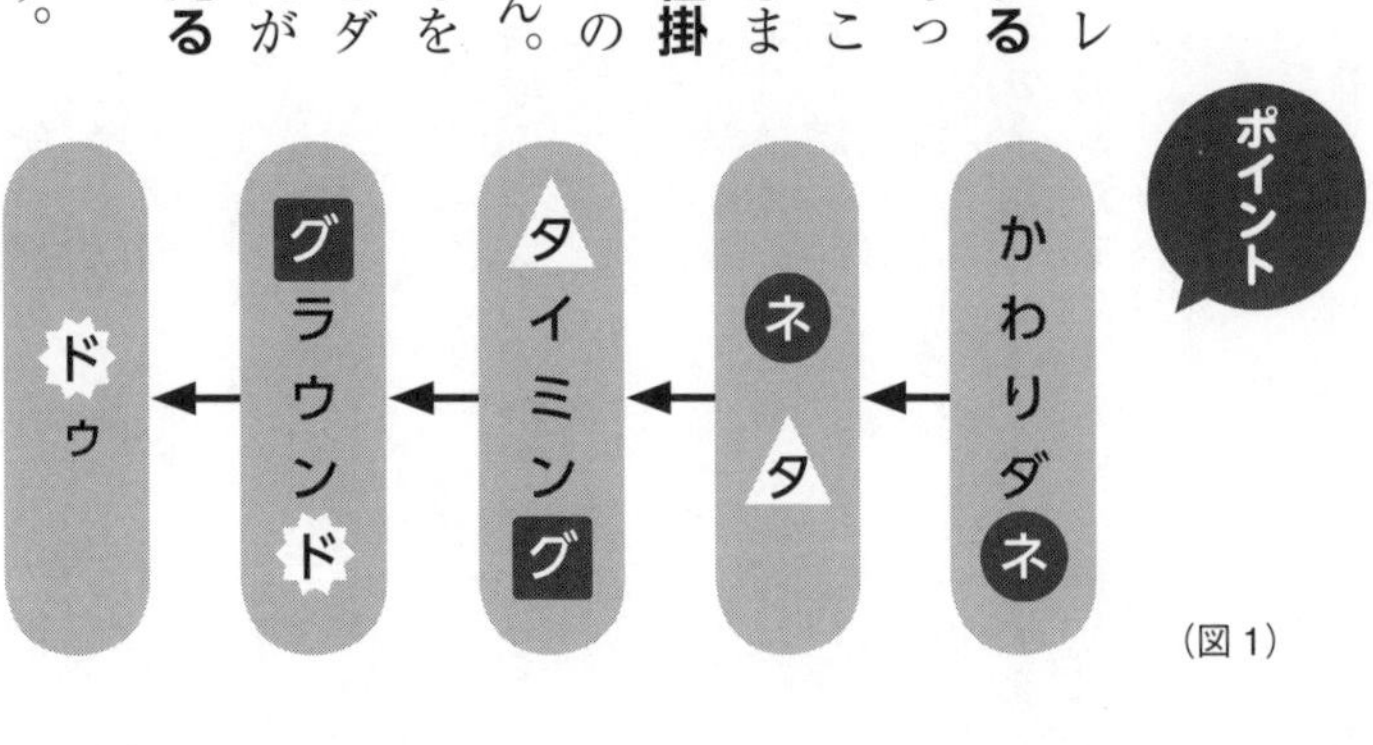

（図１）

（3）笑いの注意点

ウケたネタも使えなくなる

　笑いは笑いたい人にはたのしさや明るさ、開放感などのプラスをもたらしますが、笑いたくない人にとっては時として辛さや苦しさ、疎外感などのマイナスをもたらします。場合によってはそれが憎しみになることもあります。ですから**人を笑わせるにはそれなりの注意、配慮が必要**になります。無神経な人には皆が満足するような本当の意味でのいい笑いは出せません。私はいつもそれを肝に銘じ、**「お笑いは目配り・気配り・思いやり」**と心の中でお題目のように唱えています。これは本来、第4章の「笑いを創るヒント」で取り上げる話なのでしょうが、特に私が強調したいので早めに第1章でご紹介します。

　人を笑わすにもＴＰＯをわきまえることが重要です。すなわちＴ（Time＝時）、Ｐ（Place＝場所）、Ｏ（Occasion＝場合）です。これを頭に入れながら笑いを発しないとせっかくの場がしらけたり、時には失礼に当たったりで台無しになってしまいます。最近ではセクハラやパワハラで訴えられることにもなりかねません。

以前に笑いを取ったネタがいつも通用するとは限りません。例えば私のケースでは笑例1の「**カショブン所得**」。10数年前の夏には大ウケでしたが2014年の夏には首都圏で蚊を媒介とするデング熱が流行り感染され苦しんだ方も大勢いました。そんな時には蚊のネタは御法度でしょう。以前にウケた感覚でその年に使っていたら「常識のない人」として、笑いではなくひんしゅくを買っていたでしょう。

女性がいる場では絶対に使わないネタもあります。大体、下ネタ系は女性に嫌われます。下ネタの品位については後ほどふれますが、聞いて嫌な思いをした人がいればセクハラモノです。

笑例 4

高齢の男性だけの飲み会の時に使うネタがあります。

私がお付き合いする仲間も55歳の一次定年を過ぎたような人ばかりになってきて、飲み会の話題となれば必ずと言っていいほど健康の話が出ます。特に高齢化した男性たちに多いのが前立腺の肥大。夜中にトイレに起きる回数を競ってもあまり自慢できる話ではありません。いつも同じ話になるのである時私は思わず提案してしまいました。「**最近は自分が住んでいたり、所属しているゴルフ場の鉄道沿線で○○会という会をつくって会**

合をやるのが流行っているから、それと同じように『前立腺沿腺の会』というのをつくって心置きなく健康話をしたらいかがですか。高齢の男性なら多くの人が参加できるので仲間が増えますよ」。

これも高齢の男性ばかりのその場では大ウケでしたが、そこに女性がいたら私は使わないネタです。さらに前立腺が本当に深刻な人がいればもちろん御法度です。「最近、ちょっと前立腺が…」などと軽く言っている男性が集まった時に限ったネタです。

思想信条に配慮

ＴＰＯとともに配慮したいのがＴＢです。これはThought and Belief＝思想信条です。宗教や信仰など人の信ずるところ、思想は自由であり、何人もその権利を否定することはできません。一方でジョークも含めた「表現の自由」というのもまた認められた権利です。このバランスをとるのは大変難しいことです。配慮したつもりでもそうなっていないこともあります。

素人はＴＢにかかわるようなジョークは難しいのでできれば避けたほうが賢明です。

自ギャグ的にウケる

人をバカにしたりこき下ろしたりして笑いを取るのも控えたほうがいいでしょう。綾小路きみまろさんのような話術やテクニック、場の共有、支持があれば別ですが、人を攻めて笑いを取るのは素人には無理です。加減がわからずに特定の人をこき下ろせばその人のプライドは傷つき心証を害し、笑えない話になってしまいます。きみまろさんの芸を見ていても決して特定の個人をこき下ろしているのではなく「滑稽なおばさん集団」を題材にして個人を傷つけることなく笑いを取っているのです。さらにきみまろさんは毎回最後には「一言多かったことを心からお詫び申し上げます」との閉めの言葉で心配りをすることを忘れていません。

下ネタの品位

下ネタは冒険です。うまくハマれば大ウケしますが、外せばひんしゅくを買います。特に女性には下ネタを毛嫌いする方もいます。もしその場、座に女性がいる場合はそれとなく「大丈夫なのか」確認しておいたほうが無難です。ネタによってはセクハラのリスクも生じかねません。

「下ネタにも品位がある」と言ったら笑われるかもしれませんが、ＴＰＯに照らし合わせながら、許される限度を探って発するしかありません。その辺はセンスなのですが、「オチる話」なのでうまくいったときは爆笑ものです。その快感が忘れられなくてついつい話してしまうのですが…。私なりの品位のある（？）下ネタを第３章でご紹介します。

すべての人に配慮するのは難しいことですが、「お笑いは目配り・気配り・思いやり」なのです。

column あなたは笑っていますか？

人は本質的に笑いを求めていること、笑いを生むポイントは５つであること、笑いの注意点などを第１章でご案内しました。もう皆さんは随分と笑いの大切さ、ポイントを理解され、ダジャレのひとつでも飛ばし、いざ人を笑わす実践に入ろうとされているのではないでしょうか。

その実践に入る段階で５つのポイントを超えるぐらいに重要なことがあります。

それはご**自分の笑顔**です。

ダジャレで笑いを仕掛ける本人が仏頂面をしていては心底の笑いは起きません。笑顔のあなたが笑いながらたのしくダジャレを言うからこそ素敵な笑いが起きるのです。**笑顔いっぱいに笑いの要因を持つ**あなたが仕掛けるから、笑いを求める人が**ご縁を感じて引き寄せられる**のです。ダジャレを言う時には何かたのしくなってご自分の顔に笑みが浮かびませんか。私は笑いながらニコニコとダジャレを飛ばしています。

そうした仲間が心から笑えるダジャレのネタは遠くにはありません。皆さんの**身近なところに共通のネタが隠れています**。それを見つけましょう。

例えば、だれしもが自己紹介的に参加できるのが干支、十二支のダジャレです。私は「エト（干支）セトラ～十二支のダジャレあれこれ」を考え笑いながらご披露しています。
こんな感じです。「あなたはナニドシ？　私はフンドシ、ではなくて寅年。トラドシ生まれの私はおしゃれでトラ・ディショナル」。孤（虎）軍奮闘にならないように笑いながら。

第2章

笑いの効能

～あなたのダジャレは世界を変える!?～

(1) 日常生活での笑いの効能

笑いを引き起こすユーモア(Humor)は、人間(Human)だけに備わる本能のようなものです。Humorの語源がHumanだというのもうなずけます。ユーモアによって笑うことができれば「喜楽」の感情が生まれ、人間は本来持っている明るさや優しさ、温かさといった性質、心を出すことができます。**笑うことによって「怒哀」の感情は抑えられ、わだかまりが消えイキイキと明るくなれます。**これがまさに日常生活で笑う効能です。

笑いで健康に

最近は医療現場や介護施設などで、笑うことで健康増進につなげる取り組みが注目されています。**笑うことが心と体をいい方向に導いてくれる**のです。心理学者や医療関係者の多くが笑いから得られる効能を語っています。

健康面では笑うことで免疫力が正常範囲に調整されることが確認されています。また笑うことが各種アレルギーや糖尿病、リウマチなどの改善につながるとも言われています。さらに笑うことで脳内に「エンドルフィン」などのホルモンが分泌され、ストレス解消の効果でプラス思考になっていけるといいます。

私の養母は90歳を超えました。認知症で今はほとんど人の判別がつかない状態ですが、それでも私が冗談を言って、一緒にいる皆が笑うと自分もつられて笑います。笑った後はなぜか気分もいいようでニコニコして人に話し掛けたりします。本当に笑うことが心を軽くし気分を高揚させるのだということを、養母を通して実感します。「腹の底から大いに笑えれば健康になれる」＝**「笑う門には福来る！」**というのは多くの人が日常生活で実感していることでしょう。

(2) ビジネス面での笑いの効能

ビジネス、仕事の面での笑いの効能についてはすでに第1章に紹介したとおりです。「しかめ面」の取っつきにくい人とよりも、笑って明るくコミュニケーションを取れる人とのほうが気分良く仕事ができ成果も上がることは自明の理でしょう。

私はこのビジネス、仕事面での笑いの効能、効果を手っ取り早く演出できるのがダジャレだと思います。ダジャレは「同じ、または非常に似通った音を持つ言葉を掛ける言葉遊びの一種」なのですが、特に日本語、漢字には同音異義語が多く、ダジャレを創作するには向いています。そしてナイスなダジャレは多くの効能をもたらします。ダジャレには一瞬で笑いを引き起こすことで場面を転換し、深いコミュニケーションが取れる力があります。**ダジャレをうまく仕事に活かせれば、その会社には笑顔があふれ風通しがよくなり社員もイキイキとします。**ここではダジャレによる笑い、ユーモアによってビジネス面で効果を上げた例を紹介しましょう。

ダジャレキャンペーンで大反響

宅配ピザ大手のドミノ・ピザ ジャパンは2013年6月にダジャレにフォーカスしたキャンペーンを展開し話題を呼びました。同社のスコット社長は日本語を学ぶ過程でダジャレが即効性のあるお笑いのコミュニケーションであることを体感しハマりました。

まずはダジャレにハマったスコット社長が毎日1ネタの自作をスペシャルサイト「DAJARE-A-DAY　ダジャレやで～」で公開。毎日公開されるダジャレはアーカイブされ、過去に遡って閲覧可能としました。視聴者が「いいね!」と思ったダジャレには「ピザぶとん」があげられます。あげた「ピザぶとん」の枚数はサイトに反映され、どのダジャレが人気になったかがわかります。「ピザぶとん」をあげた視聴者にはピザ15％ＯＦＦクーポンをプレゼント。ランダムに出現するレアアイテム「金のピザぶとん」が出たらピザ30％ＯＦＦのクーポンがもらえます。

このおもしろおかしいダジャレキャンペーンに視聴者は即反応、１週間で３０００もの「ピザぶとん」が集まり大きな反響となりました。まさにダジャレの威力が発揮された明るくたのしいキャンペーンです。

同社はキャンペーンに合わせて「ダジャレと仕事に関する調査」も実施しました。20代～50代の会社員２００人にインターネットで調査しました。その結果からもダジャレの威力、効果がよくうかがえます。

まず「ダジャレが言える会社に勤務する人とダジャレが言えない会社に勤務する人には、職場環境への満足度に約４割の差がある」という調査結果（図２）が出

（図２）

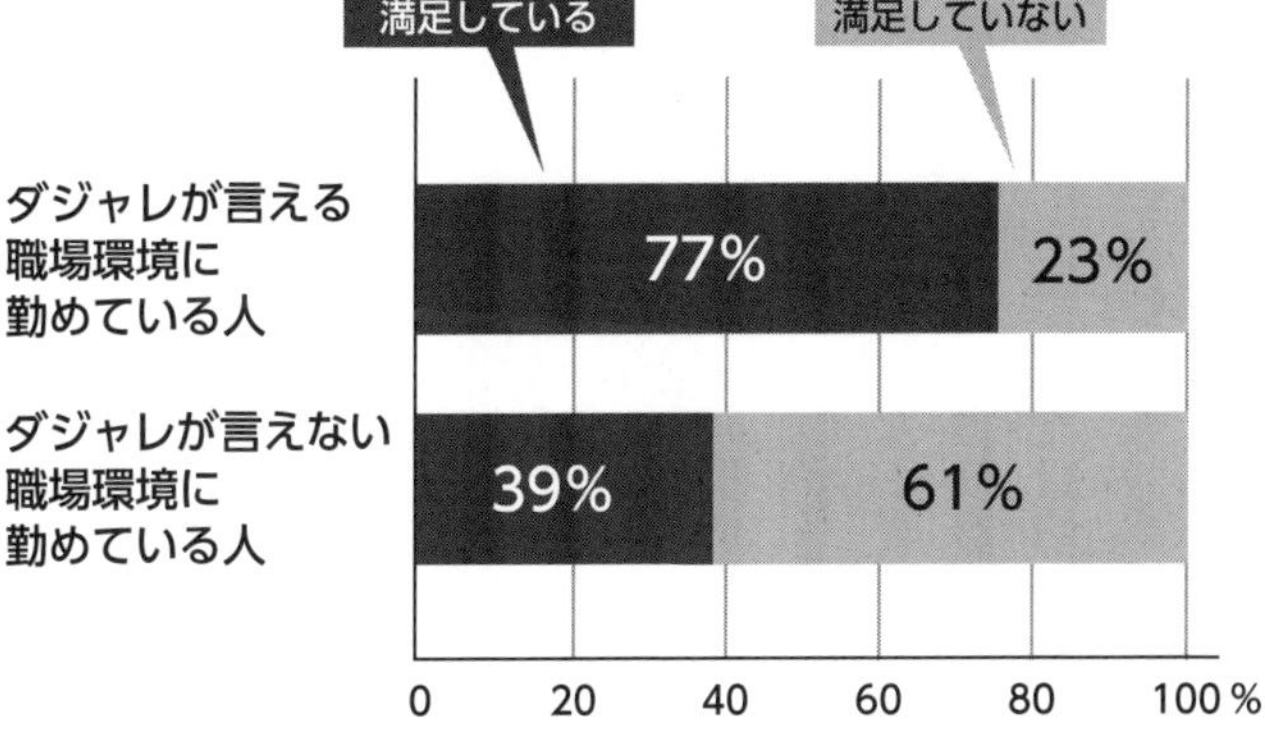

ました。**ダジャレが言える職場環境に勤務している人の満足度は77%**。一方、ダジャレが言えない職場環境に勤務している人の満足度は39%。その差が38%、約4割ということです。つまりダジャレが言えない、笑いが少ない職場環境では6割以上の人が満足していないということです。逆にダジャレが言え、**笑いのある職場環境にいる人の不満は約2割**。私は満足度の差の大きさにも驚きますが、満足していない人の割合の差にも驚かされます。

仕事のやる気もアップ

「ダジャレがもたらす効果」を聞いたところ、**「リラックスできる」**や**「明るい気持ちになる」「相手との距離が近付く」**といったプラス面をあげた人が圧倒的に多かったといいます。

「会社（職場）で笑いが起きると仕事のやる気がアップするか」を質問すると、約7割の人が**「やる気がアップする」**と回答しました。さらにその人に「どのぐらいアップするか」を聞いたところ平均で33・7%アップしているとの回答でした。職場での笑いがいい仕事を進めるための潤滑油になっていることがよくわかります。

同社はこんな調査も実施しました。ダジャレが言える職場環境にいる人100人とダジャレが言えない職場環境にいる人100人の年収を比較してみたのです。前者のほうが後者より**100万円以上も年収が高かった**そうです。ダジャレなどで笑いがある明るい職場のほうが、社員はコミュニケーションよくイキイキと働くので**業績も伸び**、それが**年収アップにつながっている**のかもしれません。

このドミノ・ピザ ジャパンのダジャレ、笑いへの取り組みは期間限定のキャンペーンではありましたが、ダジャレの威力を証明するところとなりました。その勢いに乗って同社は「ダジャレ社内公用語」の導入の準備も進めましたが実現しませんでした。「どうしてもいいダジャレを言おうと考えるあまり、肝心の会議や業務が思うように進まない」という傾向が出たからだそうです。

それでもダジャレキャンペーンの展開や調査によってユーモアあふれるコミュニケーションがとても重要であることがよくわかったそうです。「ダジャレのキャンペーンは終わりましたが、お客様にユーモアをもって接するようにするなどその姿勢は受け継がれていると思います」(同社)。

ダジャレによってもたらされる笑いは**職場環境の充実**、**ユーモアにあふれた人材の育成**にも威力を発揮するのです。

会社の理解も必要

ダジャレによる笑いの効果を会議に活かすには、ダジャレに理解のある人やダジャレに長けている人がリーダー役になり、会議を円滑に進めていけるように工夫する必要があります。①会議中に１人が１回は必ずダジャレを言う、②いいダジャレにはご褒美を出すなどで次のモチベーションアップにつなげる、③その日の会議全体のダジャレの出具合や効果を後で検証して次に活かす、④会議をダラダラと長時間続けず時間を限る、⑤ダジャレ会議は何回か１回程度にする—など事前にルールを取り決めておくことです。

会社自体が仕事中や会議中にダジャレを出したり、笑ったりすることを認めることも必要です。そのために、私は会社にはＣＩＯ（Chief Information Officer　最高情報責任者）やＣＦＯ（Chief Financial Officer　最高財務責任者）と同じようにＣＨＯ（Chief Humor Officer　最高面白職場責任者）を置くべきだと考えています。会社に笑いやダジャレを理解する役員がいてその効能を会社全体に説いたり、リードしたりしてくれれば、笑いやダジャレが自然と会社に浸透し、明るい活気あふれる会社になるでしょう。ドミノ・ピザ ジャパンのスコット社長のように会社のトップにそういう人がいれば言うことなしです。

お堅いイメージのある自治体でもダジャレの威力、ダジャレの効能を活かそうという取り組みがあります。京都市は月1回発行する「きょうと市民しんぶん(全市版)」をダジャレや漫画を取り入れた柔らかいイメージの広報紙に改革したというニュースが報じられていました。

(3) ダジャレの威力

ダジャレ力で想定しない世界が出現

ダジャレやギャグによって起こされた強烈な笑いでその場の雰囲気がガラリと変わり、それまでとは全く違った、想定もしなかった世界が出現することがあります。それはダジャレが雑談などとは違って一瞬で笑いを引き起こすため、場面を転換できる力を持っているからです。雑談は相手との間にリラックスした関係を生みますが、ダジャレはそれを超え、一瞬で展開を変え、相手との間にもっと深いコミュニケーションを演出します。

私が今もって忘れられない、いや一生忘れない「笑いが場面を変えた」経験談です。

その時私はある組織の長を務めていましたが、部下の不祥事の責任を取り退任を余儀なくされました。上に立つものは何かその組織に一大事が起きれば引責は当然のことです。私がその組織から離れる時が来ました。お別れの挨拶です。その場の雰囲気は当然ながらとても重たいものでしたが、私の覚悟はできておりなぜか心はスッキリしていました。

「不祥事の責任を取って私は解任（カイニン）となりますが、
皆さんくれぐれも丁寧に言わないでください。
ゴ・カイニン（ご懐妊）だとおめでたい話になってしまいますので」。

そこにいた社員はビックリした顔で私を見ました。

皆、自分がどう反応したらよいかわからないといった感じです。しかし私の明るい笑顔を確認してどこからともなく笑いが起き、それがまるで渦のように会場に広がっていきました。

「笑っていいのだ！」。それまで抑圧され重苦しかった雰囲気を一気に打ち破るように皆が笑っています。その場の雰囲気はこれを契機にガラッと変わりました。その後に人事異動で代わる人も挨拶をしたのですが、何か「おもしろいことを言わないと済まされない」という状況になってしまいました。

私の一発のダジャレが場面を変えてしまったのです。自分でもそんな場面で、よく「人生最高のダジャレ、最大級の自ギャグ」が飛び出したものだと驚きました。今でも関係者の間ではこの私の挨拶は語り草になっています。きっとダジャレの神様が私にひらめきを与えてくれたのだと思っています。

挨拶の注目度も増す

挨拶にダジャレやギャグ、冗談を入れれば会場に笑いが起き、皆の心が開かれ明るい雰囲気に変わります。ダジャレ力があれば、挨拶への注目度も増します。私もビジネスマン生活の中で何回も挨拶する場面がありましたが、極力、ダジャレを入れた挨拶を心がけました。

笑例 6

業界団体のある部門の責任者を務めていた時、全国大会の打ち上げの懇親会で乾杯の挨拶をする役割が回ってきました。丸一日続いた大会に皆さんお疲れの様子です。やっと長い一日が終わる打ち上げです。「これは長い挨拶は不要だな」と感じた私は**「長丁場の後の懇親会の乾杯の挨拶は短いのが一番です。皆さんお疲れ様でした。残ったエネル**

ギーで渾身（コンシン）の力を込めて懇親（コンシン）してください。乾杯！」と超手短に挨拶しました。

長い挨拶を覚悟していた皆さんにはこれが大ウケ。会場には一気に笑いと開放感が広がりました。何人もの人が私のところに寄ってきて「いや短くていい挨拶だった」とお褒め（？）の言葉をいただきました。私としてはダジャレを一つ言っただけなのですが、かなりインパクトは強かったようでした。

笑例 7

ある会社の社長を務めていた時のことです。創立記念日には永年勤続者を表彰する式典があります。社長が祝辞を述べます。大体毎年祝辞の内容は決まっていますが、その年はあの「何か持っているハンカチ王子」の斎藤佑樹投手が早稲田大学で大学日本一に輝き「仲間に恵まれたことへの感謝」をさわやかに語り注目されたので、それにあやかった挨拶をすることにしました。**「皆さんも自分の周りにいる苦労を共にしてきた仲間のことを頼りにし尊敬していると思います。その仲間に感謝してください。これからはナカマに敬意を表してオナカマと丁寧に言いましょう。オナカマはオナじカマのメシを食べた同志なのですから」**。

「どうせ型通りの挨拶しか聞けないだろう」と思っていた永年勤続者の目が輝きました。

ダジャレ力で人を惹きつける

挨拶にダジャレが入るとインパクトが増し印象深くなるのはよくおわかりいただけたと思いますが、あまりその程度を気にしないで勝手に好きなことを言えるのが自己紹介の挨拶です。他人をあれこれ言うのはいろいろと差し障りがありますが、自分をまな板に乗せた自ギャグのネタなら安心です。まさに自らのダジャレ力で人を惹きつけるチャンスです。

笑例 8

ある会社のトップに3月下旬に就任し4月の上旬にお客様への挨拶回りをしていた時のことです。その日は台風並みの強風が吹き雨も降ってきて大荒れの天気です。海沿いの高層ビルはビル風が加わるのでより風の強度が増しています。そのビルのお客様への挨拶を済ませ、次のお客様のところに急いで向かおうとしていた矢先に悲劇が起こりました。差した傘が風であおられ、足元が見えていなかったので側溝の路肩につまずき歩道にダイビング。タモリさんではありませんが**段差に躓いてダンサーになってしまいました**（私もタモリさんと同様にダジャレで使っていました）。そして膝から着地してしまったのです。膝のお皿は真二つ。ズボンの上からでも骨折がわかります。そのまま先日部下になったばかりの社員に付き添われ、救急車で近くの病院に搬送され緊急入院と相成ってしまいました。全治6か月。就任して2週間にもならない新米社長の大怪我です。

それでも最近の医療技術の進歩と皆さんの励ましに支えられ大怪我の割には回復が早く、何とか、ゴールデンウィーク入り直前の4月末には足を引きずりながらも職場に復帰することができました。

その後お客様への挨拶回りを再開しましたが話題には事欠きません。足を引きずる私に初対面ながらお客様は遠慮がちに「足をどうかされましたか?」と聞かれます。私は「待ってました!」とばかりに事故（?）紹介です。**「大風にサラワレ（皿割）ました。仕事で骨折る前に自分の骨折りました。皿が離れて皿離（サラリー）マンです」**。お客様はあきれ顔でどう反応していいかわからない表情でしたが、この自ギャグを連発する新米社長にどこか親しみは感じてくれたようです。

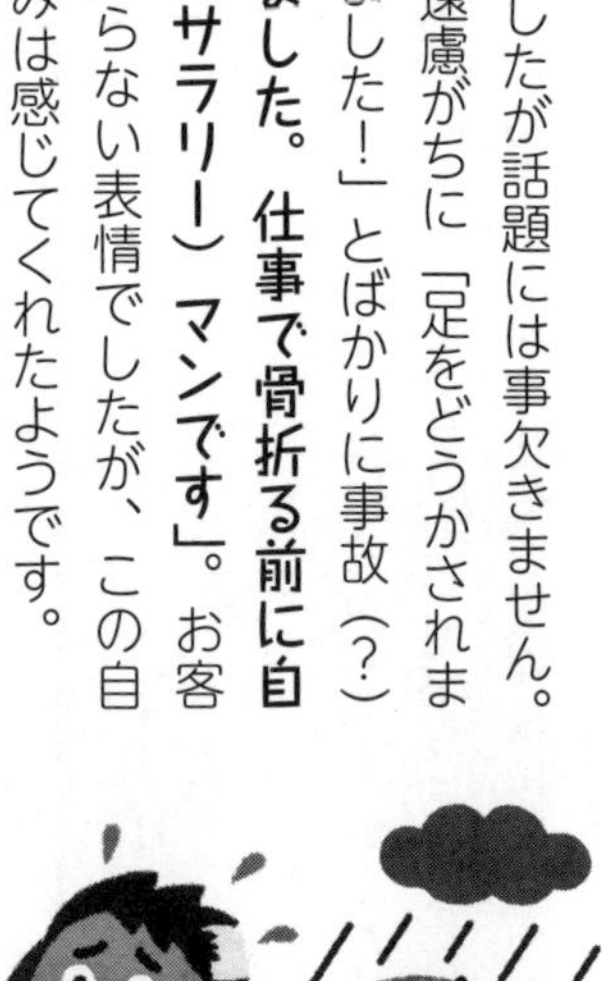

笑例 9

外国の方とお目にかかる機会はあまりありませんでしたが、ある時、英語で自己紹介をするのに格好のネタが見つかりました。

海外出張でニューヨークに滞在した時のことです。宿泊先のホテルでチェックインした際にうれしい発見がありました。私の名前は「Yasushi」ですがフロント係の陽気なおじさんが私の名前を見て「やー、スシですね」と笑っています。「sushi」というスペルを外国人が見ると寿司を思い浮かべるのですね。

「これは使える!」私は早速、その日の会合でお会いした外国のお客様に自己紹介をする時に**「My name is Yasushi. Call me Sushi.」**と試してみました。相手は親しみを込めた笑顔で握手を求めてきました。一気に打ち解けた感じです。ダジャレ味のスシネタがうまくハマりました。

自分が体験した怪我や病気、健康問題などは話題にしやすい題材です。すでに骨折や前立腺に関するダジャレをご紹介しましたが、同病相憐れむ人がいた時などは一気に場が盛り上がり、雰囲気が変わります。

笑例 10

6年ほど前、右の脇腹辺りに鈍痛を感じ高熱も出てきました。風邪かとも思いましたがどうも様子が違います。親父譲りの腎臓結石は経験済みなのでその症状とは異なります。となると「これはおふくろ譲りの胆石かな」と推察し、つてをたどって名医にたどり着き診察してもらうとこれがズバリご名答。胆石で胆管がつまって胆のう炎まで起こしていました。まずは胆のう炎を治療してもらい、その後腹腔鏡で胆のうを除去、胆石を取り除いてもらいました。ですから私には盲腸もありませんが胆のうもありません。胆石のできる原因は体質なのでしょうが、ストレスからなのかもしれません。そこで私は**「ストレスで溜まった石（ストーン）を取り除いたからストーンレス」**というダジャレを思いつき、そこかしこでご披露していました。

ご披露していて判明したのが、胆のうを取っている人がかなりいらっしゃるということ。私の知り合いでも10人はいました。お互いに胆のうがないことがわかるとなぜか親しみを感じ盛り上がります。そこで私は**「ノータンクラブ」なる胆のうのない仲間同士の会を**立ち上げました。病状にはそれぞれ濃淡（ノータン）はありましたが同病相憐れむです。胆のうがないのが入会の条件です。あまり誇れることではないので会員の広がりはイマイチですが、時折、個別に会合を開いて体調を確認し合っています。

笑例11 抽選会でとっさに出たダジャレで会場やその場の雰囲気が一気に明るくなったお話です。

あるクライアントの新商品発表キャンペーンの関係者への内輪のイベントが開かれました。きれいなキャンペーンガールも登場し新商品の発表が順調に行われました。いよいよ最後は関係者への抽選会です。あらかじめボックスに入れた名刺をキャンペーンガールが引き当てていく方式です。次々と当選者が引かれ残りの賞品も最後の一つです。そこで何とキャンペーンガールが私の名刺を見事引き当ててくれました。賞品はなかなか手に入らない私が欲しかったレアな一品です。

当選者は壇上でお礼を言わなければなりません。私はうれしさのあまり調子に乗って「**いやあ、欲しかった一品をゲットできました。これもきれいなキャンペーンガールのお蔭です。うれしい抽選会でした。当たったおまけにキャンペーンガールが『チューセンカイ』。しませんね**」と口走ってしまいました。ちょっと不規則発言ではありましたが会場は予想外の挨拶にドッと沸いてくれました。明るくたのしいイベントになりました。

抽選会ではもう一つとっさにいいダジャレが出たことがあります。ＩＴ系の会社の展示会でのことです。展示を見終わって出口でネームプレートを返却する際に抽選会がありました。IT系企業のイベントだけに抽選もコンピュータでやります。ボタンを3か所押して出た図柄が揃ったら当たりという方式です。

私は勇んでボタンを3か所押しましたが残念ながらハズレです。その時とっさにダジャレが浮かびました。**「3か所押して、参加賞（サンカショウ）！」**。

これが係りの女性に大ウケ。抽選にはハズレましたが、パッと華やかな大当たりのダジャレが飛び出しました。

笑例 12

関西人がユーモアセンスにあふれていて、ダジャレ、冗談のレベルが高いことはご紹介しました。私も勤務の関係で大阪に2年住みましたが、関西人の間でウケるダジャレ、冗談を言うのにはかなりのレベルを要求されました。通り一遍のダジャレでは笑ってくれません。

仲間内だったたか、お客様とだったたか、転勤して間もない飲み会でワイワイやっているうちに、豚まん（肉まん）の話になりました。関西で豚まんと言えば「551蓬莱」です。関西出張の帰りのサラリーマンの土産の定番です。新幹線の同じ車両の網棚にいくつもの551が乗っていることも珍しくはありません。美味しい人気商品です。

転勤したての頃だったのでウロ覚えでこの「551」を「556」と言い間違えました。

ところがこれが大ウケ。「556」は正確には「5-56」で呉工業の防錆効果のある浸透潤滑剤です。「55」の後の数字が何だったのか。不明のままの発言が思わぬ爆笑を呼びました。私が関西で発した冗談で一番受けた部類かもしれません。

「5-56」は私の身から出たサビまできれいに潤滑してクレました。

笑例 13

私がある会社の社長時代に、趣味で燻製づくりが得意なS氏がいました。その人が創る燻製の味は素人の域を越えプロ級です。卵や魚、肉など、どれも美味しく超人気です。あるお客様のところに伺った時にS氏がこの美味しい燻製を持参しました。その時はベーコンの燻製でした。真空パックされた、いかにもほどよくスモークされた逸品です。お客様も大喜びです。

その時、私もたまたまお客様に差し上げる美術展のチケットを持参していました。何とこれが「ベーコン展」のチケットです。燻製のベーコンの後にこのチケットを差し出すと、思いもよらぬ「ベーコン」の一致に一同大爆笑。偶然だったのか、必然だったのか。燻製だけに、皆、煙に巻かれたような場面展開となりました。

（4）笑いでビジネスリーダーが育つ

第1章の（2）で「笑いを生むポイントは5つ」と紹介しましたが、私はこのポイントを踏まえて人を笑わす努力をしていくことが**組織や人を引っ張るリーダーを育成する効果がある**と考えています。

一般によく言われているリーダーの要件とは①**進むべき方向、ビジョンを示す**、②**段取りを整える**、③**人間関係を促進しチームワークを創る**、④**元気を出す**、⑤**信頼性がある**、⑦**改革精神にあふれる**、⑧**かたくなでない柔軟性がある**、⑨**時間を大切にする**、⑩**人を動かす行動力、決断力がある**、⑪**責任感がある**、⑫**部下の適材適所を見抜く**─などでしょう。

ダジャレを言って明るくやっていればこれらの要件がすべて備わるわけではありませんが、これらのうちのいくつかは人を笑わせる行為の中で培われていくものと考えます。**何よりもリーダーは自分のことより人のことを優先する人**です。人を笑わそうと考え、取り組んでいることがその方向に合致しています。

おさらいですが「笑いを生む5つのポイント」は「①意外性のある②ネタを③タイミングよく④笑いそうな人に⑤言う」です。「かわりダネ→ネタ→タイミング→グラウンド→ドゥ」としりとりのように覚えました。

既成概念を打ち破る

「①意外性のある」ことを発想するというのは、既成概念を打ち破り仕事、ビジネスに新しい可能性を見出す、**進取の精神**を養います。**物事を改革していく姿勢**です。どうしても同じ組織で同じような仕事を長く続けていれば、いつの間にか常識や既定路線の延長線上で物事をとらえるようになってしまいます。新しい取り組みが出てこないので仕事、ビジネスはマンネリ化していきます。そのうち時代やお客様のニーズの変化に対応できなくなり、新しい波に乗り遅れ、仕事、ビジネスが衰退していきます。

しかし絶えず進取の精神で想定外の、「かわりダネ」を見つけようとする人には発見、驚きがあるのでマンネリ化しません。だれも気が付かなかった、想定外の取り組みや、新しいビジネスの芽を生み活路を開いていけるのです。

いいネタは相手のニーズに合致

「②ネタを」練る、笑いを引き起こす冗談やダジャレ、ギャグの中身を考えることは、**相手先のことに配慮しながら仕事、ビジネスの中身を考えていく**ことに通じます。ダジャレやギャグの中身にキレがなければウケません。仕事の中身にもキレが必要です。キレは時代や相手先のニーズに合っているところから生まれます。ここがぼんやりしているといい仕事はできません。

笑いを呼ぶいいネタも相手のニーズ、心に合致することで生まれます。いいネタを練ることは仕事やプロジェクトの企画を練る作業に似ています。いいネタ、いい企画は発想できた時から相手先の支持を得て、成功へと独り歩きしていきます。ビジョンやアイデアを練り、方向性を示す姿勢に通じるものがあると思います。

「③タイミングよく」というのも大事です。どんなに良い製品をつくってもそれがジャストなタイミングで供給され、お客様のもとに届かなければ価値はありません。ビジネスはこの「いい加減」が難しいのです。

このいいタイミング、いい加減を読めるようになれば鬼に金棒です。タイミングを読むには関係する人の心や雰囲気、展開を読めなければだめです。それにはセンスと訓練が必要です。

タイミングよくダジャレやギャグを発せられる人はビジネスにおいてもジャストなタイミングを判断できるのです。まさに**時間や空気を読み、整えられる人**です。

潜在顧客を見つける

「④笑いそうな人に」目星をつけられるかが笑いを起こせるかの重要なポイントです。いくら意外性のあるいいネタをタイミングよく発しても、笑いそうもない人に向けてではハードルが高すぎます。笑う可能性の高い人にダジャレやギャグを発するから、高い確率で笑いが起きるのです。

このグラウンドを見つけること、空間・場を創り、共有することはビジネスで顧客となる可能性のある人、**潜在顧客を見つける、創り出す**ことに通じます。嗅覚とそこに到達するルートを切り開く努力が求められます。周りへの気配りと段取りの良さが勝負を分けます。

「⑤言う」は実行力です。これがなければ物事は進みません。遠慮していたり迷ったりしていては笑いもビジネスも成立しないのです。**自ら進んで笑いを仕掛けられる人**はビジネスでも前向きにいろいろな仕掛け、取り組みができる人です。

この「自ら」というのが極めて大事です。人から言われてやるのではなく、自分から信ずるところを**率先してやり抜く、実行することが笑いをも、ビジネスをも成功に導く**のです。こういう人は「やらされた感」がないので積極的で責任感も強い、あこがれの存在です。決断力、行動力のある人と言ってもいいでしょう。まさにリーダーにふさわしい人です。

このように「笑いを生むポイント」をマスターした人は企業、会社でも組織や社員を引っ張るリーダーとして活躍できる人です。人を笑わす行動、努力がいつの間にかその人をリーダーとして育てているのです。CHOが欲しい人的資源、人材ではありませんか。特にダジャレ力のある人は自らの心をオープンにし、たのしくダジャレを発し人とのコミュニケーションを積極的に図るので一段と人を惹きつけます。

さらにダジャレを創造する中で実感するのは**「言葉、漢字をたのしく覚える絶好の機会になる」という副次的な効能**です。団塊の世代は言葉、漢字は普段から文章を書いたり、辞書を引いたりする中で覚えました。しかし近年はパソコンやスマートフォンの普及で、辞書を引きながら自分で文章を書くなどという機会は減りました。特に若者の活字離れが進んでいます。

しかしパソコンやスマホをうまく使えば、「ダジャレのネタの素」となる同音異義語が整然と出てきます。若者はパソコンやスマホでメールを打つなどはお手のものです。メールを打っているうちに同音異義語に何度も巡り合っているはずです。第４章で詳しく紹介しますが、あとはそれをうまくストーリー、会話仕立てにできればオリジナルのナイスなダジャレを創作できるのです。

笑いを創造する行為は**頭を使い、想像力を高め、語彙を増やします。それを実践することで度胸も付きます。**この行為、流れがビジネスリーダーの育成につながります。

column レッツ！アグレッシブ・コミュニケーション!!

第２章では「笑いの効能」を日常生活、ビジネスの両面で確認しました。ダジャレの威力を私の実践（笑例）をご紹介することで追体験していただきました。

コミュニケーションとは相手に思考や情報を伝達するとともに、**言葉などを通じて気持ちや心も伝える交流**です。**ダジャレは情報伝達よりも気持ちや心を伝える交流の役割を担っている**と思います。しかもダジャレは笑例でもお示ししたように**瞬時に場面を転換できる力**を持っています。そこがやんわりとしたお近付き手段の雑談との違いです。ですから**ダジャレは攻撃的、積極果敢なコミュニケーション方法**とも言えます。

この積極果敢なコミュニケーションを取ることが、状況を見ながら相手に場面転換の仕掛けをしていける**リーダーを育成**すると確信します。

コミュニケーション力とは時には聞く力であり、書く力であり、話す力です。聞く力で大切なのは集中力、書く力で必要なのは思考の整理と起承転結、そして**話す力に欠かせないのはタイミングと一歩踏み出す行動力**だと思います。

話すことが苦手な人はダジャレを使ってたのしく笑いながら前向きに交流してみては。得意分野で思いついたダジャレをまず気の置けない身近な人に試してみることから始めてみましょう。

一歩踏み出せない人は事前の準備を万端に。意外性のあるネタを胸に鏡の前で予行演習してみます。目や声、そして笑顔の自分をチェックしてみてください。

第3章

笑いの種

～「失敗の履歴書」からネタを探る～

（1）失敗談は笑いの宝庫♪

自分をダジャレ好きな明るい性格に産んでくれたことを今は亡き両親に感謝するばかりですが、5人の子供の中では父親の冗談好きな性格を私が一番強く受け継いだようです。父は何かおもしろいことを言って人を笑わせるのが得意でした。それを見て育った私も冗談を言って人が笑うのを見ることに喜びを感じる人間になっていきました。特に自分の失敗談を話すと人がよく笑ってくれることは小学生のうちに感じ取っていたように思います。

その時は恥ずかしくて人に話したくないような失敗談が、なぜか時を経ると笑える話に変化しているのです。自虐的なギャグです。私は「自ギャグ」と言っていますが、これは不思議です。**「時間が化学反応を起こした」**としか言いようがないのかもしれません。もし恥ずかしさや悩みが笑いに変わっていたとしたら、それは「時間が解決した」とも言えます。皆さんにも過去に失敗した経験を今では笑って話せるケースがあるのではないでしょうか。

時々思い出して人に笑って話せるようになっていればそれはもう失敗談ではなく**貴重な財産です**。**ほかの人が話すことのできないその人オリジナルの魅力的なお笑いネタ**です。しかも時を経ているうちに余計なものがそぎ落とされ、「笑える物語」としてウイスキーやワインのように熟成しているのです。あたかもスマイルちゃんが反芻するかのように繰り返すうちに笑いのツボ、ウケるポイントがはっきりしてきます。**「失敗はお笑い（成功）のもと」**です。失敗談はおもしろく滑稽です。過去の失敗を想像的に創造することで人が思わず笑う滑稽な話になります。

この笑いをプライベートな場だけではなく、仕事や職場での関係でもざっくばらんにうまくご披露できれば、より深いコミュニケーションが取れます。**失敗談は笑いの宝庫**です。私も営業職場に異動した機会にこの宝庫を開け宝物を手にしました。

日本のお笑いの文化、伝統

芸能を代表する古典落語や狂言でも人気があるのは失敗談です。私も古典落語や狂言に通じているわけではありませんが、どうも古典落語も狂言も「段取り通りうまく行かなかった」失敗談が主流のようです。その失敗を肯定することが共感を呼び、笑いを呼ぶのです。

例えば、古典落語に私の好きな「牛ほめ」という話があります。
これなどもおとっつぁんに頼まれて、伯父さんの家の新築祝いに代役で行った

与太郎が、せっかく教えてもらったお祝いの口上をうまく言えず、失敗を繰り返す展開に思わず笑います。台所の大黒柱にあいた節穴に神社の火除けのお札を貼るという妙案を伝授され、これを与太郎が言って伯父さんに感心されたのはいいのですが、今度は飼っている牛を褒める段になってまた驚きの展開に。糞をした牛を伯父さんが「うしろに尻の穴があるから糞をするんだ」と言ったのを聞いて、与太郎がひとつ覚えよろしく「穴の上に神社のお札を貼りなさい」という妙案。**「穴がかくれて、屁の用心にならあ」**というオチです。

古典落語の世界ではない、現代社会でも失敗はだれにでも起きる可能性があります。慌てたり、緊張したりで普段の自分を見失った時が危険です。思い込みや勘違いが失敗を呼びます。

例えばこんな話があります。外国へ行ってその国に入国する時には審査があります。慣れていないと緊張します。ある方は米国に行った時の**入国審査で係官から「何で来ましたか。ビジネスですか?」と英語で聞かれた時に「エコノミー」と答えてしまいました。**「観光」と言えばよかったのですが、よっぽど飛行機のビジネスクラスに乗りたかったのかもしれません。

（2）ネタは「失敗の履歴書」にあり！

告白するまでもないのですが、私にも今では笑える失敗談がいろいろあります。あまり脚色はしていないのですが、仲間に話しているうちにだんだんと笑える話に熟成していきました。そして失敗をすることによって笑いのタネが増え前進していったのです。

以下は反芻を繰り返して笑いを取れるようになった、私の少年時代、青年時代、社会人時代の失敗談、思い出話です。私にとっては**自ギャグ的お笑いネタの履歴書**です。なぜか失敗談は下ネタが多くなるのをお許しください。

笑例14 少年時代の失敗談

まだ小学校の低学年だったころの出来事です。4歳年上の兄たちと当時住んでいた練馬区にある富士見池に遊びに行きました。ダボハゼやザリガニなどを網ですくって捕ります。

私も他の人に負けまいと水面ぎりぎりまで身を乗り出して網を入れていました。ところが足場が悪かったのか、バランスを崩して何と池の中に落ちてしまったのです。近くにいた兄が慌てて手を伸ばして私を捕まえ岸に引き上げてくれました。ボートを漕げるぐらいの池なので結構水深はあったはずです。モタモタしていたら溺れていたかもしれません。洋服はずぶぬれだし怖い目に遭っていたので、普通ならそこで遊びは止めて家に帰るはずです。

ところが兄たちは何事もなかったように魚すくいを続けています。1人だけで帰るわけにもいかず私もぬれたままで再び参加。ところが気が動転していたのか、その日は調子が悪かったのか、またまた足を滑らせて再び池にドボ～ン。再度兄の手を借りることになってしまいました。

今度こそは魚すくいをあきらめて家に帰るのかと思いきや。またまた兄たちは魚すくいを続行。私もやむなくお付き合い。もう池には近付かないはずが、名誉挽回で1匹ぐらいは捕まえたいと思ったのが運の尽き。何と2度あることは3度ある。三度（みたび）私の体は池の中へドボ～ン。さすがの兄たちもこれにはあきれ顔。やっとその日の魚すくいをあきらめてくれました。

結局兄は、魚はすくえず弟を救うばかり。私のほうは同じ日に同じ池に三度も落ちたバカな奴という不名誉なレッテルを貼られてしまいました。それでも命には別状なかったので両親に悲しまれることはありませんでした。**「富士見池が不死身池に」**なった少年時代の失敗談。すでに〝落ち〟はついていましたが、今振り返ると何だか笑える話になっています。同じ日に同じ池に三度も落ちた**「3ポンド（池＝POND）のドポ〜ン」**なお話でした。

笑例 15

小学校の校医で歯科の先生がいました。私の実家がある駅のすぐ近くで開業していました。ある時虫歯か親知らずかをその先生の所で治してもらったことがありました。

それから少しして、その医院の前を通ると休診の札が下がっていました。これがかなり長いこと続いたので、校医の先生に何かあったのかと心配しました。しばらくしてやっと再開したのですが、何とそこが獣医に変わっているではありませんか。

私はビックリしました。「私の治してもらった歯はまさか動物の歯か何かでは！」。

聞けば老齢の先生はリタイアして、その後を息子さんが獣医として引き継いだようです。**「歯科（しか）たがないこと」ですが、とんだ「歯医者（はいしゃ）復活」劇でした。何か私の犬歯がやけに立派なような気もしますが…。**

笑例16

少年時代の失敗談をもう一つ。

これも今話せば笑い話なのですが、その時はとても笑っては話せない不名誉な出来事です。出来事というより「しでかし」といったほうがいいでしょう。

風呂に入った時のこと。当時の風呂は外に薪や石炭をくべる口があり、そこで火を燃やし、風呂にためた水を温める循環式でした。よく風呂を沸かす当番をしたものでした。そのご褒美かわかりませんが、その日は一番風呂に入らせてもらいました。自分で沸かした風呂に一番先に入るのは気持ちがいいものです。

風呂桶につかってゆっくりしているうちにお腹が圧迫されたのかガスを出したくなりました。オナラです。皆さんもひょっとして経験があるかもしれませんが、風呂の中でオナラをするとガスが泡になって浮かび上がるので何かたのしいものです。

その日もいつものように発射したつもりが、どうもお腹の調子がイマイチだったのか尾籠な話で恐縮ですが、何と実まで出てしまったのです。これは大変。一番風呂が台無しです。

後で思えばその時親に正直に状況を話して沸かし直せばよかったのですが、気が動転した私はその道を選ばず別の方法を選んでしまったのです。どうも見ると実の量はあまり多くはありません。「これなら外にすくって汲み出せば何とかなる」と思うのが普通なのでしょうが、浅はかな私はその道も選びませんでした。風呂桶にポッカリと空いた穴のほうに実

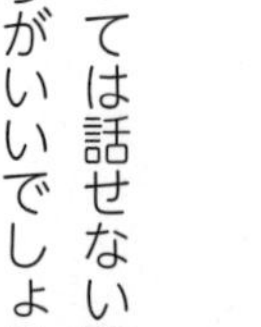

を入れ込んでしまったのです。見た目にはどうやら大丈夫なようです。「うまくいった」と何食わぬ顔で風呂から上がり知らんぷりをしていました。

ところが次に風呂に入った父親がお湯に何かとんでもないものが浮かんでいるのを発見。大騒ぎとなってしまいました。私が大目玉を食ったのは当然のこと。それ以来一番風呂は二度と回ってこなくなりました。浅はかな私は循環式の風呂の仕組みをよく理解していなかったのです。

私の不名誉な仕業は父親の語り草（臭？）でしたが、それも時を経るうちに何だか滑稽な笑い話になっていきました。私もしばらくは謝るばかりの肩身が狭い話でしたが、冗談好きな父親に救われました。やがて笑い話に変わったころから「親父もその風呂に入ったから肌がすべすべになったでしょう」などと減らず口を叩くようになりました。もう父は他界していますが、今思い返せば父とのたのしかった思い出の一つになってしまいました。

それ以来、私は風呂に入るのがあまり好きではなくなりました。ゴルフ場で一緒に風呂に入った仲間たちは私の超早い、烏の行水ぶりにあきれていますが、私にはそんな「ウンのつきのトラウマ」があるのです。またしでかしたら大変です。ゆっくり湯船になどつかってはいられません。「営業の早風呂」などと言っていますが…。

笑例 17

中学、高校とバスケットボール部に入り、かなり熱心に部活動をしていました。そちらに打ち込んでいたせいか、小学校の頃のような失敗談、笑い話の思い出はほとんどありません。私のお笑い人生の中では暗黒の時代かもしれません。

小学校の時のような失敗談ではないのでインパクトに欠けますが、中学の部活動の最中に発したダジャレがやけに受けて、皆が大笑いをしてくれた記憶が残っています。その日は体育館ではなく屋外のバスケットボールコートでの練習でした。しばらくしているうちに隣のテニス部のコートでだれか体調を崩した生徒が出たようで救急車が来ました。ねんざや骨折でもしたのでしょうか。我々も心配して練習を中断し救急車のほうに駆けつけました。どうやら怪我ではなくお腹が痛いということです。右の脇腹のようです。「これは盲腸かもしれない」ということでその生徒は病院に運ばれて行きました。

その時私は**「モウ、チョウがない！」**と口走ってしまったのです。大怪我や重症でないのがわかったのでついついダジャレを言ってしまったのですが、そこにいた皆もそんな気持ちでいたのか、私の軽口にドッと笑ってくれました。その生徒や救急車がまだそこにいたらとても不謹慎でひんしゅくを買ったことでしょう。タイミングの良さに我ながら後でホッとしました。

笑例 18

青年時代の失敗談

高校時代も部活に明け暮れていたので、冗談やダジャレで大笑いした記憶はほとんどありません。ただ先生の特徴をとらえてあだ名をつけて皆で笑っていた、**仕様（使用？）もない思い出**はあります。

数学の先生はかなり細身の年配の紳士でした。私が気になったのは細身のせいなのかいつも**ズボンがだぶだぶで**授業中に何度もたくし上げるのです。確かベルトをちゃんと締めているはずなのですが……。そこで私は**「ルーズベルト」**と命名させていただきました。すみません。結構皆にはウケて使ってくれていました。中には発展させて「大統領」などという人もいました。

地理の先生もとてもまじめないい先生でした。ただ気になったのはご出身地の訛りなのか場合（バアイ）を「バヤイ」と言われることです。地理のテストの点数が悪いと私は密かに「バヤイがヤバイ」などとつぶやいていました。すみません。今では決して訛りなどを冗談にすることはありませんが、若気の至りの申し訳ない思い出です。

国語（古文）の先生は結構若手の色黒のバリバリの先生でした。次々と生徒に質問を浴びせる、当てるので緊張感ある授業でした。高校2年の時、私は前述のように中学時代に盲腸の生徒をダジャレのネタにした罰が当たったのか、とうとう自分が盲腸になって入院してしまい、しばらく学校を休みました。退院して久しぶりに学校に行きこの先生の授業を受けました。何とこの先生が「これでもか」というぐらいに私に集中して質問をしてきます。皆がビックリするぐらいのしつこさです。やっと授業が終わり解放された時には病み上がりだったこともあり私はぐったり。

「古文だけにコテンコテン（古典）にやられた」と叫んでいました。とても「モウ、チョウがない」などと軽口は叩けませんでした。後から思えばあの先生はしばらく休んで勉強が遅れていた私に、愛のムチをくれたのです。**そうとは知らず私もムチ（無知）でした。**

笑例19

大学に入った年の初めての早慶戦。野球観戦で盛り上がった後は新宿歌舞伎町に仲間内で繰り出し盛り上がるのがお決まりのコースです。私もまだ知り合って間もないクラスメイトと新宿に出てどんちゃん騒ぎです。それがやりたくて大学に入ったような気もしましたが、実はそれまであまりお酒を飲んだ経験はありませんでした。そんなにお酒は飲めないはずなのに、ついついお祭り気分で調子に乗って飲み過ぎ、やがて泥酔状態に。そのうち気持ちが悪くなってきてトイレに駆け込みました。「小間物屋の開店」。せっかくお腹に入れたごちそうも逆流、台無しです。

しばらくトイレで休んでいると少し気分が落ち着きました。「やれやれ汚してしまった後始末をしないと」と片付けていると何とピンク色の内臓の破片のようなものが目に入ってきました。「ホルモンなどは食べなかったし。これは大変なことになった。きっと飲み過ぎで胃袋が破れたのかも」。お酒の飲み過ぎでもどした経験がなかった私は気が動転しました。胃の辺りが何となくシクシクします。急に酔いもさめ、皆と別れその夜は何とか帰宅。

「あれは何だったのか」。寝ながら口にしたものをもう一度よく思い出してみました。「そうだ。調子に乗ってアイスクリームを食べたな。サクランボが載っていたな。そうか、あれはサクランボの破片だ！」あまりにも浅はかな自分にあきれるばかりでした。

ちょっと錯乱（サクラン）して、ボーとしていたからなのでしょうか…。

笑例 20

大学に入ってからは一浪したこともあり、バスケットボール部には入らずサークル活動もせずノンポリ学生となりました。当時は大学紛争の最中。大学に行っても授業が休みということがままありました。となると行くところは4人揃っての中国語のお勉強―麻雀です。大学時代は教室にではなく雀荘に通った思い出のほうが多くあります。強くはないのにダラダラとメンツに加わる毎日でした。

「こんなことばかりしていては苦労して大学に入れてくれた親に申し訳ない。このままでは私の行く末は自分の弱い麻雀と一緒だ。展望（点棒）がない」とのダジャレを思いつき、それを機会に麻雀から足を洗ってしまいました。入社後、麻雀の盛んな早稲田大学商学部の出身だと知った先輩からずいぶん誘われましたが、「麻雀はできません」ということで押し通しました。麻雀も気の置けない仲間や家族と健全に卓を囲めばたのしい娯楽ですが、私の場合、**麻雀の点棒から離れてから少し展望が開けたような気がしました。**

笑例21

社会人時代の失敗談

会社に入って初めて配属された部署でのことです。部の旅行が計画されました。部長をはじめ釣り好きの面々が揃っていたので外房で海釣りをたのしもうということになりました。前日は民宿を兼ねた船宿に1泊して宴会。翌朝、船で沖合に出て深海魚のカサゴを釣ろうというプランです。

前夜のお酒もまだ抜け切らない早朝に起床。投げ釣り専門の先輩に岸から見送られて出船です。やがてポイントに到着。船頭に言われるままに餌とおもりの付いた仕掛けを100メートルぐらい下ろします。また船頭の掛け声で仕掛けを巻き上げるという寸法です。それを何度も繰り返す単調といえば単調な釣りです。

何度か繰り返して海面を見ているうちに私の体に異変が起きました。目が回り気持ちが悪くなり吐き気が襲ってきたのです。船酔いです。

やがて我慢できずに昨夜の宴会のご馳走と朝食が逆流、海へ投入することとなってしまいました。すると私の撒き餌が効いたのでしょうか。それまで釣れなかったカサゴがなぜかそれを潮時にどんどん釣れてきます。深海魚に届くなんて私の撒き餌も相当な威力です。などと冗談は言ってはいられません。皆は釣果が上がって大喜びですが、私のほうはテンションが下がってぐったり。戦線に復帰しようとしますが、大きな口を開けて上がってくるカサゴを見るたびに気持ち悪くなって私も大きな口を開けて撒き餌の連続です。とうとう甲板に寝っ転がり、カサゴならぬマグロ状態になってしまいました。

「だいぶ弱っている人がいるからあと小1時間やって上がりますか」という先輩の声。「エッー！まだ1時間もやるのか」。頭の上で聞こえる非情（非常？）な会話にがっくりしていると、急にお腹が痛くなってきました。出すものは上からばかりとは限りません。

上からは全部出したはずでしたが今度は下から出そうです。もう我慢の限界。当時の釣り船はトイレなどのしゃれたものは付いていません。しょうがなく船の艫（とも）に行ってお尻を突き出して用を足すしかありません。そういう人が時々いるのでしょうか。捕まる綱がぶら下がっています。「これがほんとの艫綱か」とか思いながら用を足していると、何と私の横に同じスタイルの同僚がいるではありませんか。「ああ、これがほんとのトモダチだ。いや立っていない。トモズワリだ」などとわけのわからないことを思いながら必死に艫綱に捕まっていました。二人のさらなる撒き餌のお蔭でさらに釣果が上がったようです。

あんなに辛い目に遭ったのにアラ不思議。陸に上がった途端に船酔いはピタッと収まりました。**われわれの「フン闘ブリ」**を聞いた岸から釣りをしていた先輩は「おい、そう言えば岸からお尻が二つ並んでいるのが見えたぞ」と大笑い。なんともシマラナイ話になってしまいました。トモに並んだ同僚とは、その人の結婚式の司会を務めるなどのトモ達付き合いになりました。

笑例 22

会社に入って初めて仕事で出張することになりました。行先は九州です。実はそれまで飛行機に乗った経験がなくその時が初搭乗です。同行する取引先の方と待ち合わせていざ出発です。その方はベテランで忙しく国内を飛び回っているようです。初搭乗の不安はありましたが「この人についていけば安心だな」と人知れずその方を頼りにしていました。順調に離陸、快適なフライトです。

やがて飛行機は福岡空港に到着。皆さん席を立ち出口に進んでいきます。頼りにしている取引先の方も手慣れた様子で立ち上がりサッサと歩いていきました。私も遅れてはなるまいと席を立とうとしましたが、シートベルトががっちりとお腹に食い込んでいます。「あれ、閉める時はスムースに差し込んだけど、外すのはどうすればよかったかな」とモタモタしているうちに皆さん、どんどん降りていきます。頼りの方の姿はもう見えません。スチュワーデス（今はキャビンアテンダント）も近くにいません。

　引っ張っても、引っ張ってもシートベルトは外れません。「このまま1人取り残されたら大変だ！」と焦っていたところ、ラッキーにも斜め前方でシートベルトを外す人がいました。蓋のようなカバーを上にあげ、差し込んだ部分を外しています。「そうか。ああすればいいのか」と嬉しさのあまり勢いよく蓋をはぐると、反動でバチーンと大きな音が機内に響き渡りました。私は何事もなかったようにそそくさと出口に向かいました。平静を装いましたが実は冷汗モノでした。機内でシートベルトの扱いについての説明はあったはずでしたが、知ったかぶりで聞いていなかったのです。大恥をかくところでした。

　今なら車のシートベルトも一般的なので子供さんでもシートベルトの締め外しは手慣れたものですが、当時は不慣れな人も多かったようです。私と同じ経験をした人もいたようで、私の失敗談を聞いてわがことのように笑って喜んでくれた方がいました。その方はなぜか私のことを「稲毛のパイロット」と命名してくれました。

もう30年ぐらい前の話です。クライアントの会社があるサンシャイン60のビルを訪れました。当時では最先端の高層オフィスビルです。仕事を済ませビルの見学もしながらビル内をウロウロとしていました。「そうだ。せっかくだから最新のトイレものぞいてみよう」と用（？）もないのに個室に入ってみました。「これが評判のウォシュレットか」。さすが最先端のビルだけあってトイレの設備も最新です。まだ当時では珍しかったウォシュレット便座にはじめてお目にかかりました。

どう使っていいかはわかりません。説明書はあったのでしょうが、冒険心でのぞき込みながら思わずボタンを押しました。すると勢いよく水が飛び出し私の顔に一直線。ずぶぬれになってしまいました。慌ててそこかしこ、ボタンを押しまくりやっとシャワーが止まりました。

世間広し、と言えども、ウォシュレットの水を顔にかけての初ご対面は私ぐらいかもしれません。自慢にもなりません。せっかくの最新機器も知ったかぶりで使い方を間違ってはいけません。とんだ冷や水を浴びてしまった、水に流したいご対面でした。

目撃談とまた聞き談

自分の失敗談はきりがないのでこれぐらいにして、結構笑えた、人の失敗談を3つほどご紹介します。目撃談とまた聞き談ですが、この程度なら名誉毀損なく、笑ってすむ話だと思います。どこかのだれかの話ですが、失礼があったらお許しください。

笑例 24

入社約10年目にして初めて広告営業の世界に入りました。当時はまだ景気も良かったからか、営業部門には毎年定期的に新入社員が入社します。私が所属していた部署にも新人が配属になりました。部の新入社員歓迎会です。潤沢な部費の積み立てと知り合いのコネもあってか、銀座の人気の中華料理で豪華にコース料理を味わうことになりました。銀座の高級中華はちょっと出るものも違います。まず前菜が大皿に載って運ばれてきました。クラゲや蒸し鶏、チャーシューなどが豪華に並んでいます。前菜だけでかなりお腹が膨れそうなぐらいの量です。テーブルが回り、銘々の取り皿に取りましたがまだいっぱい前菜が残っています。

「おい、前菜を取り切らないと次の料理が出てこないぞ。君、遠慮しないで取りなさい」とだれかが先輩風を吹かして新人君に残っている料理を勧めました。

するとその新人君。「いや、私、ナスは嫌いですから」。

「エッ！ナスなんかあったかな」と皆が大皿を見つめてみると、そこには数切れのピータンが残っています。

ナスとピータンは似て（？）非なるもの。一同ズッコケて大爆笑。新人君は不思議そうにナス、ではなくてピータンを見つめています。ピータンを初めて見た新人君はなんで皆が笑っているのかもわかりません。

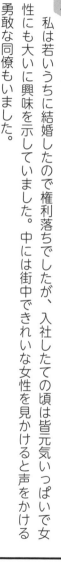

ちょっと本人には気の毒でしたが、新人としては派手なデビューとなりました。それからと言うもの、くだんの新人は「ピータン君」と親しみを込めて呼ばれるようになりました。

笑例 25

私は若いうちに結婚したので権利落ちでしたが、入社したての頃は皆元気いっぱいで女性にも大いに興味を示していました。中には街中できれいな女性を見かけると声をかける勇敢な同僚もいました。

ある時オフィス街を歩いていると、後ろ姿がとても素敵な女性を見かけました。スタイルもよく好みのタイプです。追いかけて行って勇気を奮って声をかけました。何か昔のシャンプーのテレビCMにそんなシーンがありましたね。あれを地で行こうと思ったのかもしれません。

「すみません。ちょっとお時間ありますか? お茶のみ…」と言ったところ、声をかけられた女性がこちらに振り向いてくれました。

瞬間、**自分の想像とは違った、好みのタイプでない女性だったことが判明。「お茶の…水はどちらですか?」ととっさに道を尋ねる発言に変更。機転を利かして「お茶を濁した人」がおりました。**念のため、私ではありません。

笑例26

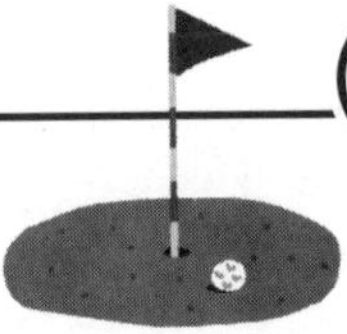

会社に入ってしばらくすると、先輩からご指導、ご指南があるのがゴルフです。「営業なのだからゴルフはお客様とのお付き合いもあるからちゃんと覚えるように」などと言われます。しかし当時は現在のようにしっかりとイチからレッスンしてくれるスクールなどはありません。打ちっ放しに何度か行って見様見真似、先輩か仲間内に連れられてコースを初めて回るというのがデビュー戦の常道でした。

彼（また聞きなので不明朗なところもあるので名誉のために彼、としておきます）もまたゴルフのデビュー戦を迎えることになりました。どうもプライベートな仲間内ではなくて会社の部のゴルフコンペのようです。

ゴルフをやるにはクラブやシューズ、バッグなど、いろいろと道具を揃えなければなりません。初心者はよく先輩のクラブのお下がりなどをもらったものでした。

彼も一通りの道具を揃え、いざ、ゴルフコンペに。**当日朝、ゴルフ場に集まっていよいよスタートです。ふと彼の手を見ると何やら両手に白い手袋をしています。レース編みのような感じもします。「おい、それは何だ」と先輩がいぶかって聞くと「いやドライバー用ということで買いました」とのこと。どこでどう間違ったのか。何と手袋は手袋でもゴルフ用ではなく運転手（ドライバー）用を買ってしまったようです。**

確かにゴルフは最初のティーショットはドライバーで打ちますが、運転とは関係ありません。今なら乗用カートがあるのでゴルフにも運転が付きものですが、当時はどのコースでも、歩いてのプレーです。

完璧なる勘違い。スタート前から爆笑のほろ苦いデビュー戦となってしまいました。彼がその日、何打で回って、どんなスコア、成績だったか、入賞したのかなどは定かではありませんが、見事に爆笑（賞？）は取りました。「ドライバーもすっ飛ぶような試運転」のお話でした。

column 今日のミスはあなたの糧になります

最近はめっきりカラオケなどで歌う機会は減りましたが、現役の頃はお客様や仲間内とよくマイクを握ったものでした。

私の持ち歌のひとつに『わたし祈ってます』があります。「時間が必ず　解決するのよ　どんなに苦しい　出来事だって」という３番の歌詞が好きで替え歌にもしてご披露していました。

人は生きていればさまざまな課題に直面、苦しい出来事に追われます。日常生活でも会社でもだれにでもミス、失敗は付き物です。そして悩みます。もちろんその人の性格や関係した課題、悩みの大きさにもよりますが、かなりの時間が経つとそれらが小さくなっている気がします。幸いなことに私はそのぐらいの課題、苦しい出来事に巡り合っていたのでしょう。経験上からはその課題から逃げないで、なるべく早く関係者に心からお詫びし反省することが大切だと思います。**人は時間と関係の中で生きている**のですから。

時間と関係を経るうちに失敗談のいくつかは第３章でご紹介したような笑える話になっていきます。これも笑い話になる程度の失敗だったということなのでしょうが「今は大変だけどきっとこの先では楽になる。いつか笑える」と思えればしめたものです。忘れたい失敗、出来事も多いでしょうが、それを記憶、記録し時々だれかにご披露できれば話は熟成していくように思います。裏はいつか表になる、表裏は一体なのです。時間と関係への前向きな取り組みがいい結果を生みます。

第4章

笑いを創るヒント

～ダジャレでレッツ！コミュニケーション～

(1) ストーリー、会話形式にする

ダジャレで笑いを創り出していく際に押さえておきたいポイントです。ちょっと大げさですが**ダジャレの心得**といったものです。具体的にダジャレを創作するための私なりのヒント、心得を紹介します。

ストーリーにまとめる

これまで26のダジャレを交えた私オリジナルの笑例をご紹介しましたが、ほとんどはストーリー、お話し仕立てにしています。「所詮、ダジャレはダジャレ、音合わせの単純な言葉遊びにしか過ぎない」という人がいるかもしれませんが、私はそうは思いません。もちろん「ダジャレは一発で雰囲気を変えられる瞬間芸」であるのが魅力なのですが、この魅力を最大限に味わうには、そのダジャレが飛び出たシーンや背景がストーリーとしてあったほうが、よりダジャレに輝きと深みが増すと考えます。

少し前にテレビで頭の回転よろしく、ダジャレを連発して人気を博していた「Mr．なぞか

け」こと「ねづっち」氏を最近見ません。久しぶりに同氏の名前を耳にしたら、本業とはちょっと違った格闘技戦への出場でした。

私はテレビで初めて同氏を見た時には「こんなになぞかけやダジャレを瞬時に思いつき、連発できる人はめったにいない。天才か」と思いました。一方で「あれはキツイ！あんなに連発しているとやがてすり減って消えてしまうぞ。もっと大事にしたらいいのに」とも感じました。案の定、それから間もなくして、同氏をテレビで見かける機会がぐっと減りました。

久しぶりに名前が出た格闘技戦は２０１５年11月に行われましたが予想通り（？）あっけなく敗退しました。即引退宣言が出ましたが、対戦相手から「夢とかけまして？」となぞかけを仕掛けられると、すかさず**「整いました。夢とかけて漢字と解きます。そのこころはカナはない（叶わない）こともあります」**と答えていました。やはり同氏は格闘技よりなぞかけのワザのほうが冴えています。

どんなに天才肌でも間髪入れずの芸は疲れます。そういう芸風にハマってしまったので致し方なかったのでしょうが、この格闘技戦の後のなぞかけのようなもっと同氏の魅力、笑いが伝わる別のやり方があるような気もします。**「天才はどれだけヒラメキ続けられるか」は知りませんが、人には限界があります。だからダジャレに深みを増してくれるストーリー、お話し仕立てにこだわるのです。**

会話形式に仕立てる

そしてそのストーリーを会話形式にするともっとダジャレが輝きます。私がストーリー、会話形式のダジャレを思いついたきっかけは次の笑例です。これは私のオリジナルではなくある方から教えていただいたものです。少し私が手を加えています。その方A氏と私との会話、なぞかけ風にしてみます。

笑例 27

A氏「バイアグラの倍、効くものがあるらしいね」
私「へえー、何だろう。バイバイ・アグラかな？」
A氏「それなら正座になっちゃうだろう」
私「アグラなら半分か」
A氏「ヒント。高級だけど取り過ぎに注意」
私「わかりません。降参！」
A氏「バイアグラの倍だからフォアグラだよ」

このダジャレ入りのなぞかけのヒントをもらって会話形式にして皆に話すと大いにウケました。それまで私はどちらかというと「ねづっち」タイプに思いつくままにダジャレを連発していました。一夜の宴席で「ダジャレ38連発」という記録(?)もあります。しかし連発は疲れますし、だんだんと出るダジャレにキレがなくなってきて駄作ばかりになります。ここが天才「ねづっち」氏と違うところです。

しかし笑例27のように会話形式にすると楽にダジャレが出ます。キレのあるダジャレをストーリー、会話の中に散りばめる、**「シーンの浮かぶダジャレ」**です。「これなら人も聞いてくれるしダジャレの深みも増す」。「私は口からダジャレ」ではない、「目からウロコ」の思いでした。

それからというもの、私は思いついたダジャレをストーリー、会話、なぞかけ形式にしてご披露することにしました。やはり連発時代に比べ、はるかに皆さんの聞く耳が大きくなって、反応も上々です。「そうかダジャレは瞬間芸だけど、お話にすれば少し長くたのしめるんだ!」。

ダジャレは短いと言葉遊びで終わりそうですが、ストーリーになると笑いが深くなります。

「ストーリー、会話としてのダジャレ戦略」のスタートです。ちょっと大げさですが、**ストーリーを練ることによって自分の感覚も研ぎ澄まされ、深みと広がりが増し、そして注目度も増しました。**留意点はあまり長いストーリーにしないで**短めの会話、**ショートストーリーに仕立てることです。2~3回のやり取り、会話の中で、ダジャレやオチを入れ込む感じです。ダラダラと間延びした話はキレもなく誰も聞いてくれません。

第1章「笑いの本質」の(2)で「笑いを生むポイントは5つ」という持論を紹介しましたが、その中の③の「タイミングよく」という要素を「ストーリー、会話形式にする」という手法が邪魔してはいけません。「タイミングよく」という、笑わすポイントを消してしまうようなストーリー、会話形式であれば、笑いそのものが消えてしまい本末転倒となってしまうからです。**ストーリー性、会話形式にこだわるあまり、タイミングを外してはいけません。**

さて、ここからが本番です。具体的にストーリー、会話形式にした笑談、ダジャレをふんだんにご紹介しましょう。中には親しくお付き合いいただいたダジャレ仲間からのネタをヒントにしたものもありますが、ほとんどは私が創り出してきたオリジナル笑例です。皆さんがお読みになって**「これは使えそうだ!」と思ったものがあればどんどんこの中からお試しいただき笑談をたのしんでください。**他の章よりかなりボリュームがありますが、本書のキーとなる「笑談、ダジャレのネタ」の特集となっています。

使えそうなものは覚えてしまおう！

短めのストーリー、会話形式の笑例をいくつかご紹介します。私と、やはりダジャレ好きなどなたか（B氏や関係者）との会話、やり取りという形式で展開します。

笑例 28

恋愛が発展して結婚へ。少し長めですが、おめでたいお話です。結婚式のスピーチでも使えますよ。

私　「あの二人、恋愛を密かに実らせて結婚まで来たね」
B氏「恋婚（レンコン）か」
私　「レンコンだけに見えないところで繋がっていたわけだ」
B氏「いやハスに構えなかったのが良かったな」
私　「レンコンだから穴があいているので見通しが利いたね」
B氏「穴八幡にお参りしていたご利益かな」
私　「それと蓮華の花が咲いたから仏様のお蔭かも」

笑例29

短い、理想形。聞いたことがあるかもしれません。

私「あの人、最近声かけても答えないね」

B氏「風邪をひいて扁桃腺が腫れているらしいよ」

私「それで返答せん、か」

笑例30

郊外のある街で、宴席が終わって店を出て帰る時の店主との会話です。

私「今日は美味しい鶏スキを出していただいてありがとうございました」

私「皆、鶏好き（?）なので喜んでいました。焼鳥も美味しかった」

店主「それはありがとうございます。またのご来店をお待ちしています」

私「ところで私はこれからどこに向かうかご存じですか?」

店主「いや、存じ上げません」

私「今晩いただいたお料理にちなんで、柏（カシワ）なんです」

笑例 31

私「なんかゴボウを食べたせいか腹が張るんだよ」
B氏「ガスが出るんだ」
私「でもある野菜で明日の腹とガスは大丈夫だ」
B氏「何だい、それ」
私「アス・パラ・ガス」

ゴボウのせいか、体に変調を来たして。

笑例 32

B氏「安倍首相がオバマ大統領を銀座の高級寿司店にご案内したらしいね」
私「知っているよ。すきやばし次郎だろう」
B氏「高いけど旨いらしいね」
私「僕は安くて旨いジローを知っているよ」
B氏「いいね。どこそれ」
私「キッチンジロー!」

馴染みの店は私にもあります。

笑例 33

B氏「牡蠣を食べられない人が結構いるね」
私「その人、昔の人気俳優じゃないの」
B氏「だれ?その人」
私「老い(オイ)スターだよ」

牡蠣が苦手で食べられない人がかなりいますね。私の知り合いでも何人かいます。一緒に食事をして牡蠣を注文した時に思い浮かんだダジャレです。

笑例 34

年初め。神社に初詣に行った後の新年会は大いに盛り上がります。

私　「神社で大声上げてフレー、フレーと騒いでいる人がいたね」
B氏「応援団かな。正月からお酒飲んで酔っ払っていたんだろう」
私　「いや、酒じゃなくて別のもの飲んでいたよ」
B氏「何？それ」
私　「ジンジャ・エール」

笑例 35

とあるホテルでの会合がスタート。

B氏「今日は時間通り会合が始まったね」
私　「このホテルでの会合はいつもそうだよ」
B氏「そうだっけ」
私　「だって定刻（帝国）ホテルだもの」

笑例 36

上海蟹を食べながら別のことを考えていました。

B氏「さすが、いい上海蟹には品質保証のタグが付いているね」
私　「いやエビだっていいのには契約書がちゃんと付いているよ」
B氏「えっー、本当？」
私　「だって『エビデンス』と言うでしょ」

笑例 37

粘りはあるが、残念な味のカレーです。

私「なんか、この夏野菜カレー食べるとあの企画を思い出すね」
B氏「粘っこく頑張ったんだけどね」
私「でもオクラ入りだよ」

笑例 38

ことわざの解釈をめぐって。

B氏「馬の耳に念仏、ということわざがあったよね」
私「どういう意味だっけ」
B氏「馬に念仏を聞かせても、ありがたみがわからない。人の忠告を聞かない、聞く耳を持たない、無駄ということかな」
私「それなら、馬の耳に不・燃物だね」

笑例 39

帽子をかぶる人が目立つようになりました。

B氏「最近おしゃれな帽子をかぶっている人が増えたね」
私「暑さ、寒さボウシ、かな。僕も三つ持っている。それぞれ違う仕掛けで変身できる感じだね。見ればハッとするよ」

B氏「へー。そんなもんかね」
私「ハット・トリックというぐらいだからね」

笑例 40

私「あの人、いつも会合の頭だけ顔を出すね」

B氏「忙しいんじゃないの」

私「ま、いいか。お尻だけ顔を出したら困るものね」

B氏「尻なんか出されたら皆、陰に隠れるよ」

私「シリカゲルか。でも尻抜けだね」

忙しい人は会合の冒頭だけ顔を出してすぐに消えます。

笑例 41

私「アリの種類で一番多いのは何だか知っている？」

B氏「働きアリかな。それともシロアリ？クロアリ？」

私「いや、ワケ・アリだよ」

B氏「シロ、クロつけたいね」

アリは働き者ですが、中には特別な事情があるアリもいます。

笑例 42

私「スープカレーが人気だね」

B氏「発祥は北海道・札幌らしいよ」

私「梅雨（ツユ）がない北海道でツユのカレーが生まれたんだ。ツユ知らず、なのに」

スープカレーの発祥地は北海道です。

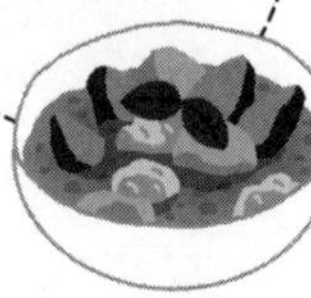

笑例 43

そろそろ定年退職、無理の利かない年頃です。

B氏「わが同期も定年を迎え、皆、衰えが目立ってきたね」
私「どうき、息切れかな」
B氏「せめて求心力があればね」

笑例 44

難しそうな、おいしそうなテーマのセミナーです。

B氏「『資本・景気の行方』なんて、難しそうなセミナーだな」
私「いや、おいしい内容だと思うよ」
B氏「そんなことないだろう」
私「だってシフォン・ケーキがついてくる会合なんだから」

笑例 45

夫婦になる組合せもさまざまです。

私「大工の息子と寿司屋の娘が一緒になったらしいね」
B氏「珍しい取り合わせだね。決め手は何だったのかな」
私「ス（巣・酢）だったらしいよ。新居も取り合えズだって」

笑例 46

最強の王様です。

私「王様の2倍強いのがいるらしいね」
B氏「何だろう。ライオンキングかな」
私「2倍だからバイキングだよ」
B氏「もっと純粋に凄いのもいるよ」
私「知っている。ハイキングだ。濁っていないもの」

笑例 47

コーヒーの焙煎は奥が深いものです。

B氏「コーヒーの味は店によってずいぶん違うね」
私「豆の煎り具合。焙煎によるよ」
B氏「私は浅く煎ったのが好きだな。倍せんやつ」
私「僕は何でも凝るタイプだから深煎り(深入り)。付加価値がある」
B氏「なんでも負荷をかけるね」

笑例 48

できる営業マンに教えてもらった、なぞかけ、ジョークです。

B氏「朝刊とかけて坊主ととく」
私「そのこころは？」
B氏「ケサきて、キョウよむ」

笑例 49

できる営業マンに教えてもらった、ジョーク第2弾です。

B氏「銭湯は最新鋭に衣替えしても経営は厳しいみたいだね」
私「どのぐらい利益が出るの？」
B氏「ほんのスーパーセント」
私「戦闘モードだね」

笑例 50

できる営業マンに教えてもらった、ジョーク第3弾です。

B氏「一生、楽をして暮らすにはどのぐらい資産があればいいと思う」
私「さあ、見当がつかないな」
B氏「それはシサン（4×3）12億円だよ」
私「試算だろ」

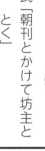

笑例 51

私の影響か。めったにダジャレなど言わない家内も。

私「この間壊れた台所の引き出しうまく直せたの？」

家内「キッチンとは直せていないわ」

笑例 52

鍋料理の〆は。

B氏「鍋料理の〆はやはり雑炊だね」

私「でもちょっと味が薄くない？」

B氏「ごめん。ちょっと水を入れ過ぎたかな」

私「それじゃ、増水じゃない」

笑例 53

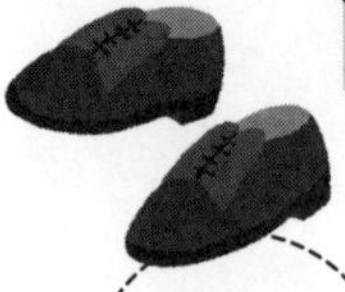

宴会が終わって帰り口で。

私「今日は9人の宴会だったから靴が多いね。間違えそう」

B氏「ほんと。これ他の人の靴だ。小さいわ」

私「それは9クツだね」

笑例 54

干支にちなんで

B氏「今年はサル年だね」
私「毛を繕う親子ザルを見ていると心が和むよ」
B氏「年老いたサルはノミを取り合っている」
私「私も今年は定年でサル・ノミだ」
B氏「サルの身、になれるね」

笑例 55

行きつけのスナックで。

私「ママ。いつものハイボール、薄目ね」
ママ「ハイ。じゃないから、ローボールね」
私「炭酸（単三）でなく、単四で割って（単純に四分割）」

自分の決まり文句（常套句）を増やそう

いつもその場でひらめき、新鮮なダジャレやギャグを次から次へと飛ばせる人はそうはいません。あの「ねづっち」氏でさえ難しいのですから。素人にはとても無理です。

ではどうすればいいのか。人を笑わすことが得意な人はそれなりの準備をしています。かなりの確率で人を笑わすことができる、その人ならではのダジャレやギャグ、小話などの持ちネタがあるのです。この**持ちネタの数を増やしていく**ことが、人を数多く笑わせられることにつながります。

いわゆる常套句（ジョークトーク）です。ジョークトーク＝冗談（トーク）ですし、ジョークトークを略すとジョークになるのがおもしろいですね。もちろん上等句（？）でもいいのですが。冗談はさておき得意の常套句、決まり文句を頭の中に数多く用意しておいて臨機応変に引き出しを開けられれば、タイミングよく笑いを取れます。特に初対面の人や会の始まりなどのツカミには、こうした常套句、決まり文句が有効です。

「最近、妻に用事はないんだけど、ツマヨウジちょうだい」などは飲み屋で時々使う私なりの常套句です。家では決して言いませんが。

新聞記事では、事態が次に展開する時には「〇〇へ」というお決まりの見出しをつけることがあります。

これまでに紹介した笑例なども、何度も使っているうちにほとんどが決まり文句、常套句になってしまいます。もちろん決まり文句がウケるかどうかはタイミング次第ですが。

私の持ちネタ、決まり文句、常套句のいくつかをまた会話形式でご紹介しましょう。

笑例 56

笑例55の続きのようなスナックで使える決まり文句、常套句です。

ママ「ハイ。うすめのローボール」

私「ありがとう。僕は頭も『うすめ』だけど、ママはいつまでも『むすめ』のように若いね」

ママ「ソウ、セージ（世辞）はツマミでよろしく。うちも利益『うすめ』なんで。『むすめ』との二役で頑張ってます」

笑例57

スナック続きでもうひとネタ。しゃれたママです。

ママ「今日はボジョレ・ヌーボー解禁よ。たまにはローボールでなくワインでも飲んだら」
私「ワー、イインだ！ 僕はいつもダジャレ・ヌーボー解禁だよ」
ママ「ワインは薄めて飲まないでね」
私「でも冷やして飲みたいので、氷入れて」
ママ「もうコウリゴウリ」

笑例58

ちょっと店を替えて、居酒屋に移動しました。

私「店がわかりにくいので店員さんに迎えに来てもらいました」
店員「ここからエレベーターに乗ります。ちょっと人数が多いけど大丈夫かな」
私「いや、一緒に乗ると定員（店員）オーバーかもね」

笑例59

占いにハマっている人はかなりいます。

私「この占い（ウラナイ）の本よく当たるよ」
B氏「ウラナイだから表だけかな」
私「いや表紙もない」
B氏「それは拍子抜けだね」
私「でも親切、丁寧に書かれているからオ・モ・テ・ナ・シでいいの」

笑例 60

私「今夜の宴席のアポイント確認できていますか」
秘書「大丈夫です。先様の秘書の方とお話しできました」
私「それは良かった！安心だね。小さな声で話したんでしょ。ヒショヒショ話だから」

お客様との宴席のアポイントは秘書同士が確認します。

笑例 61

彼氏「今夜は夜景がヤケイにきれいだね」
彼女「361（寒い、サムイ）。ヤケイじゃなくヨケイじゃない」
彼氏「寒いので、『ヤケイ石に水』でした」

デートで使えるかもしれない、使わないほうがいいかもしれない、眺めのいいレストランでの常套句。外れる危険性あり。

笑例 62

私「シャツのボタンがとれているよ」
B氏「あっ、本当だ。どこかで落ちたな」
私「ボタンダウンのシャツになっちゃったね」

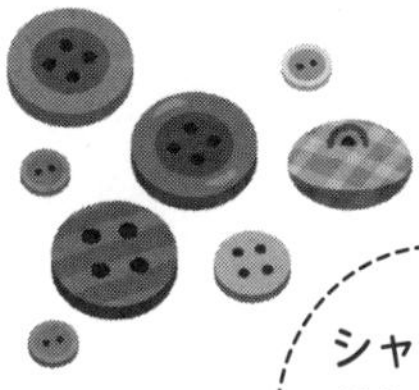

シャツのボタンがとれました。

笑例 63

長い間のお勤め、ご苦労様でした。

B氏「40年以上働いて退職。さすがに疲れたよ」
私「『勤続』疲労だね」
B氏「披露（疲労）宴でもやるか」

笑例 64

締め切った納戸は暑いか、寒いか。

B氏「納戸は窓がないから暑いね」
私「今、何度？」
B氏「そのシャレ、難度、低いよ」

笑例 65

挨拶の仕方もマチマチです。

B氏「日本人の挨拶はやはりお辞儀だよ」
私「やたら握手ばかりするのは『悪趣味』だね」
B氏「最近はハグもあるよ」
私「僕がやるとチグハグだ」

笑例 66

雨が降る時は。

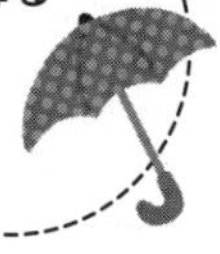

B氏「今日は雨が降るよ。傘（カサ）持った？」
私「いや、嵩（カサ）張るから持たない」
B氏「貸さ（カサ）ないよ」

笑例 67

B氏　「最近『ビーグルの会』に入ったよ」
私　「ああ、愛犬家の集まりだろう」
B氏　「いやBグルでB級グルメの会なんだ」
私　「僕は『イーグルの会』に入ったよ」
B氏　「ゴルフの集まりだね。でもイーグルは難しいでしょ」
私　「いやE級、Economical、格安グルメをたのしむ会だよ」

（2）道具を使う

ダジャレネクタイ

ダジャレやギャグがうまく出ない時に「場持ちのするネタ」「クイネタ」も用意しておきます。**言葉でうまくフォローできない場合には小道具を使います。**私の場合は「クイネタ」ならぬ「ネクタイ」です。オンワード樫山がJ.PRESSの「JOKE　TIE」というダジャレ入りやことわざをモチーフにしたネクタイを出しています。

ある会社の社長を務めていた時に「ダジャレ好きの社長にピッタリ！」ということで社員が2本プレゼントしてくれたのがこのネクタイとの出会いです。それまでそうしたネクタイがあることを知らなかったのですが、「これは使える！」とすっかり気に入り、買い求めているうちに10本のコレクションになりました（写真3-1、3-2）。私のダジャレを受け止めて、「JOKE　TIE」をプレゼントしてくれた社員に感謝しなければなりません。

コレクションの中からその日の気分、状況に合わせてネクタイを選び締めていき、タイミングを見てご披露しました。「JOKE　TIE」を知っているお客様もいましたが、初めて見る方も多く、その場を盛り上げてくれることが多々ありました。私が今日はどんなネクタイを締めて現れるかをたのしみに待っていてくれるお客様も多くいらっしゃいました。

実物を見ていただくのが一番いいのですが、以下に私の持っている「JOKE　TIE」コレクションをご紹介します。

社員からプレゼントしてもらった最初の2本がまさにダジャレ系の「JOKE　TIE」です。

2010年に発売されたもので1本は**「ニューヨーク：入浴」**。私の持っているのはピンク色の地にNYの文字がデザインされておりしゃれた感じです。が、それだけではありません。表の1か所と締めた時に隠れる部分に、**艶めかしい女性の入浴シーンがデザインされています。**これを男ばかりの色気のない気楽な飲み会などにしていき、タイミングを見てご披露し、お湯ではなく、喝采を浴びました。

もう1本はやはり2010年に発売された「**クリケット：栗蹴っと**」。グリーンの地に**クリケットに興じる男女**がセンス良くデザインされています。これもそれだけではありません。よく見ると表と裏の1か所ずつに、**栗を蹴っている男性**の姿があしらわれています。「クリケット」に「栗蹴っと」。私の大好きなダジャレです。これはお客様との打ち合わせにもしていき、その場を和ましてくれました。

フォークダンスは2011年に発売されたも

写真 3-1

の。エンジ色の地にリズムよく音符がデザインされています。これもよく見ると表の1か所に**フォーク2本がダンスを踊っているシーン**が。だから**「フォークダンス」**。ウキウキ感の出るネクタイで活躍してくれました。

ことわざモチーフも

後はことわざモチーフのネクタイです。その中で私の一番のお気に入りは「笑う門には福来る」。2011年の発売です。グリーンの地に黄色のスマイルマークがニコニコと並んでいます。そして表と裏の1か所ずつに、のれんから顔を出す福助らしきデザインが。これは私がたのしく迎えたいと思った会やイベント、お祝いの席などに締めていき、気分とその場を大いに盛り上げてくれました。たのしく

写真 3-2

やりたい機会が多かったので大活躍したネクタイです。

このほかは「両手に花」「逃がした魚は大きい」「七転び八起き」「石橋を叩いて渡る」（以上は2011年発売）、「カニは甲羅に似せて穴を掘る」（2012年発売）です。それぞれのことわざの意味を考えて、お客様との商談、打ち合わせの内容、状況なども頭に入れながら、その日にしていくネクタイを選びました。慎重に対応したほうがいい時には「石橋を叩いて渡る」を。交渉が何度も変更になる時は「七転び八起き」を。謙虚に臨んだほうがいい時には「カニは甲羅に似せて穴を掘る」を――といった具合です。「JOKE TIE」がその日の私の気持ちを創るのに役立ちました。

残念だったのは「立つ鳥跡を濁さず」のモチーフネクタイを買いそびれたことです。店頭で見かけたのですがタイミングが合わず入手できませんでした。「かわり やすし」で異動が多かったので、節目で締めて胸を張って卒業、旅立ちをしたかったと思っています。

2015年秋冬の「二兎を追うものは一兎も得ず」、2016年春夏の「骨折した骨は、治ったら丈夫になる」「中身の無い袋は、真直ぐに立たない」なども興味を惹かれます。2008年にある会社の社長に就任したてに骨折した経験は笑例8でご紹介しましたが、その頃に「骨折した骨は、治ったら丈夫になる」バージョンに出会っていたら、何度も活用してお客様とのコミュニケーションをより円滑にしたことでしょう。

2016年春夏の中から年明けに1本の「JOKE　TIE」を購入しました。それは「一人より二人」バージョン。退職で今年4月からは真に家内との二人暮らしが始まりました。充実した二人暮らしへの願い、思いを込めた会社卒業記念のようなものです。いつ締めるのか—必ずいいタイミングが来るでしょう。

同社が日本でJ.PRESSの「JOKE　TIE」を販売するようになったのは1976年からといいます。私は1974年に社会人になったのでほぼ同時期です。もしそのころから「JOKE　TIE」の存在を知っていればもっと私の笑談力は増し、ダジャレの芸域が広がっていたかもしれません。私の「JOKE　TIE」のコレクションは10本ですが、中にはこのシリーズを大変気に入られ、ほとんどのアイテムを揃えられている方もいるそうです。

このように私は運よく「JOKE　TIE」に出会い、自分の芸域を広げ、お客様とのコミュニケーションの円滑化、笑談（商談）に大いに使わせてもらいましたが、ネクタイだけでなく、ほかにも何かいいアイデア、小道具があれば大いにそれを活用すればいいと思います。

例えば帽子（ハット）をかぶっていれば**「暑さ防止（ボウシ）」**などのダジャレも言えますし、笑例39のような**「ハット・トリック」**といった会話も飛び出します。

刺繍の得意な人はハンカチなどに自分の得意なダジャレやことわざをデザインしてオリジナルの小道具を創り、場面に応じて活用してみるのもいいのではないでしょうか。

(3) ジャンル別に整理する

ここからは実践あるのみ。よりダジャレの出やすい環境、条件でどんどんダジャレを創造していきます。新聞でも政治や経済、国際、産業、企業、金融、証券、商品、社会、文化、スポーツなどの分野、ジャンル別に記事が整理され読みやすく並んでいますが、ダジャレもそうしたジャンルを意識して創造することです。ただ漠然とダジャレを創造するのではなく、半ば強制的に分野、テーマを絞り込むことによって新しいダジャレが生まれます。範囲を限定することでフレッシュなダジャレが絞り出されるのです。絞り出し、味わったらジャンル別に整理してまとめます。きちんと整理して仕舞っておけば、臨機応変に引き出しから出して使えます。

私はダジャレを創造する時には以下のように**「飲食」「ゴルフ」「健康」「季節」「地名」「人名」「政治」「英語」**などのジャンルを意識しています。そしてそのジャンル別で整理しておきます。「ねづっち」氏がダジャレやなぞかけを発する時に「整いました!」と言いますが、私の場合は分野、テーマに沿って頭の中に仕舞い込んだダジャレやなぞかけを整えています。

自分の得意分野を磨く

人によって出るダジャレの得意分野が違うので分類の仕方はさまざまでしょうが、私の場合は宴席を含めた飲食関係が圧倒的に多く、ゴルフに纏わるものもいろいろとあります。年とともに健康関連のダジャレも増えました。季節を感じさせるダジャレも単なるダジャレに終わらせず、味わいを加えるためには重要です。

地名に関するダジャレはそこに長く誇りを持って生活している人々がいるわけですから、その人々の誇りを傷つけるようなことがないように気を付けます。ハズすと致命(地名?)的ですが、皆の共通認識なのでツカミとしては使いやすいネタです。人名のダジャレは、公人は有名税のようなものなので心配ないと思いますが、一般人や仲間内の人名をダジャレにするには配慮が必要です。中には気分を損ねる方もいるので取り扱いは慎重にしたほうがいいと思います。

●「飲食編」

私の創るダジャレのかなりは食べ物や食べることに関するものです。これまでご紹介した笑例を見ても笑例2の「トリニクい」、笑例3の「パン・ノコッタ」、笑例9の「shushi」、笑例12の「551蓬莱」、笑例13の「ベーコン」、笑例19の「サクランボー」、笑例24の「ピータン」、笑例27の「フォアグラ」、笑例28の「レン・コン」、笑例30の「カシワ」、笑例31の「アス・パラ・ガス」、笑例32の「ジロー」、笑例33の「老いスター」など飲食関連のダジャレ、ジョークが盛りだくさんです。笑例全体の約三分の一を占めます。

そうしたダジャレの多くがお客様や仲間内との宴席から生まれています。宴席はまさにダジャレの宝庫です。これに関しては後ほど別項で詳しくご紹介します。

●「ゴルフ編」

ゴルフに関するダジャレ、ジョークも豊富です。やはりビジネスマンにとっては宴席に次ぐ社交の場がゴルフ場であり、ゴルフのプレーだからなのでしょう。こちらも後ほど別項でたっぷりと常套句も含めたゴルフ関連のダジャレ、ジョークをご紹介します。ナイスショットもあればOB寸前のダジャレもあるかもしれません。皆さんがご存知のネタもあるでしょう。

●「健康編」

年齢を重ねるとともに健康に関するダジャレ、ジョークも増えました。すでに笑例4の「前立腺沿腺の会」、笑例8の「骨折」、笑例10の「ストーンレス」、笑例43の「同期、息切れ」、笑例63の「勤続疲労」などを紹介しましたが、こちらはこれからも年齢を重ねるとともにどんどん出てきそうです。

しかし「健康」に関するダジャレ、ジョークでは自分のことであれば許されるのでしょうが、特定の方を取り上げたような健康ネタは避けなければなりません。次のような一般論なら許容範囲でしょう。

笑例68

B氏　「最近、始終、肩が痛いんだよね」
私　「それ、四十肩かもよ」
B氏　「どうも石灰が溜まっているらしい」
私　「お節介な話だけど、よく動かせば切開しないでもそのうち治るよ」

笑例 69

私　「胆石除去の手術したんだって。大変だったね」
B氏「腹腔鏡の手術だったので割と楽に済んだよ」
私　「開腹しないから回復が早いらしいね」

笑例 70

私　「年を重ねると体も衰えてくる」
B氏「肌（ハダ）もカサカサ」
私　「年嵩（カサ）を増したからだろう」

● 「季節編」

日本には昔から連歌、俳諧など、季節を感じさせる季語を用いた風流があります。季語が入ることによって四季折々の情景や旬の味わいなどが伝わります。例えば**柚子（ユズ）**は秋の季語ですが**「融通が利く」**などに掛けて昔からシャレとして使われてきました。この柚子も冬至を迎えお風呂に入れると柚子湯となり冬の季語となります。こちらはこちらで**「冬至に湯治」**などの掛詞、シャレとして融通を利かせていました。

ダジャレを創造する時にも、この季語、季節の言葉を意識すると、新鮮な旬を感じさせる作品に仕上がります。春夏秋冬に分けて自作を3つずつご紹介します。

春

笑例 71

B氏「ハルはどこから来るのかな」
私「はるばる海や山を越えてくるよ」
B氏「へー、どこの海や山なの」
私「ハルミ（晴海）やハルナサン（榛名山）だよ」

「春が来た」は童謡、唱歌にもありました。

笑例 72

B氏「春が旬の魚はサワラ。魚偏に春と書いて鰆だからね」
私「サワラの西京漬けの旨さは『最強』だよ」
B氏「最近は人気があるので店にない時も多いや」
私「今日もサワラ・ナイデ」

春の旬の魚は絶品です。

笑例 73

B氏「春が来ると気持ちもウキウキして飛び跳ねたくなるよ」
私「春はスプリングだからね」

春のウキウキ気分はなぜ？

夏

笑例 74

私「夏の暑い時は冷たい水羊羹なんか最高だ」
B氏「昔ながらの和菓子だね」
私「ナツカシいよ」

伝統的な夏の味わいです。

笑例 75

私「牡蠣は英語のr（アール）がつかない月は食べないほうがいいと言われている。美味しくないし毒に当たるかも」
B氏「June（6月）、July（7月）、August（8月）の夏場のあたりかな」
私「そう、r（アール）のアール、ナシで夏季厳禁だよ」
B氏「サマ（SUMMER）にならないわけだ」

牡蠣のシーズンは確か夏ではないはずですが…。

笑例 76

私「ホタルの宿からご案内が来たよ」
B氏「ホタルの里だ」
私「ホータル・サ（イ）トを通じてだね」

蛍は昔から水先案内と言われていました。

秋

笑例 77

私「紅葉を見ると気持ちも『高揚』するね」
B氏「体調も良くなる」
私「イチョウの調子もイイチョウシ!」

紅葉シーズンは体調万全で臨みたいですね。

笑例 78

B氏「イモ掘りに夢中になっていたけど今、何時?」
私「ホッタ　イモ　イジルナ?」
B氏「何、それ」
私「そう言うと英語で『今、何時』と聞こえるらしい」
B氏「時は金なり、だから。イモは金時だな」

英語の発音は時として、そう聞こえます。

笑例 79

B氏「灯火親しむ秋。秋の夜長は本を読める季節だね」
私「ホン　トウカい?」
B氏「飲むほうに時間とお金を『投下』していると言われるけど」

明るい話ですかね?

冬

笑例 80

B氏「冬は高いけどクエ鍋が最高だね」
私　「高いからなかなかクエない」
B氏「深海にいるのであまり獲れないからね」
私　「旨くて粗はないけどアラ探しにいくか」

クエ（アラ）は高いけど旨い。

笑例 81

私　「フグがかなり好きらしいね」
B氏「トラフグも旨いしシマフグ、イシガキフグも食べられる」
私　「さすが詳しいね」
B氏「ショウサイ（詳細）フグも好きだからね」

フグ好きならではの詳しい解説です。

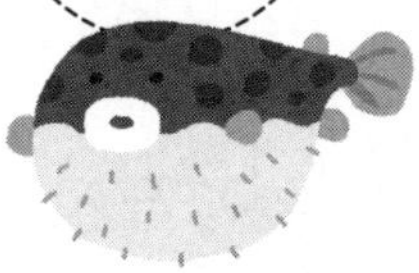

笑例 82

B氏「秋から冬はサケとイクラの海鮮親子丼が旨いね」
私　「食べたいけど、持ち合わせがないな」
B氏「建て替えて払っておくよ」
私　「値段はイクラ?」
B氏「高いよ」
私　「それならカイセン・ドン」

親子丼は鶏肉と卵だけではありません。

●「地名編」

「博多で図った」「ニューヨークで入浴」「これはオランダ」など地名入りのダジャレは常套句的によく使われます。爆笑は起きませんがツカミだったり、場が幾分和んだりするなどの効果はあります。少しひねりを入れてストーリー仕立てにすれば爆笑も夢ではありません。

笑例 83

私「九州で遺跡巡りをして、床屋に寄って帰ってきたよ」

B氏「さっぱりしているけど、古風な髪形だね」

私「吉野ガリって言うんだ」

1か月に2度行ったこともありました。

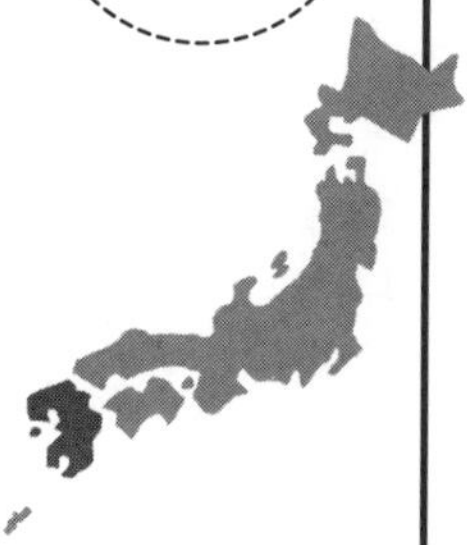

笑例 84

私「トルコにも日本の伝説的な生き物がいて驚くね」

B氏「トルコと日本は友好的だからね。何、その生き物って」

私「カッパ　ドキ　アッ」

先人が残した皿があるかもしれません。

笑例85

コレクターもいます。

私「ハワイでアロハシャツを買ったよ」
B氏「いろいろな種類があるでしょ」
私「裏地を使ったビンテージものがレアで人気だね」
B氏「それはハワイにしかないだろうね」
私「いや、『ウラジ　ヲ　ストック』にも在庫があるらしい」

●「人名編」

私の本名は「かわほり　やすし」です。サラリーマン人生で短期間のうちに何度も異動を繰り返すうちに、その原因がわかりました。名前に由来していたのです。本名から「ほ」を抜くと「かわり　やすし」です。「それでよく代わったのだ。でも『ま』抜けでなく『ほ』抜けだからいいか」。結構気に入ってペンネームにしています。

人名も、注意しながら仕組めばシャレになります。「Ya・sushi」もそうですし、「マ・イケル冗談」も人名で遊んでいます。外国人の名前を覚えるのにもダジャレが役立ちます。

笑例 86

私「私は次男。家内は3姉妹の長女なんだ」

B氏「それで養子に行ったのか」

私「ヨウシ　イクゾウだよ」

「婿」に行きました。家内から見れば「向う」から来た感じです。正式な養子縁組なので「無効」ではありません。

笑例 87

外国の方の名前はなかなか覚えられません。そこで一工夫。

私「アメリカのFRB（連邦準備制度理事会）の元議長の名前は難しかったね。なかなか覚えられなかった」

B氏「どうやって覚えたの？」

私「バーナンキ氏だから『バーでナンキン豆食べている』と覚えたんだ」

笑例 88

B氏「サッカーでは監督の指示が重要だね」

私「そういえばブラジル出身で『シジクレイ』という選手がいたね」

B氏「同じブラジル出身に『シジマール（回る？）』という選手もいたな」

外国から移籍してくるサッカー選手の名前もいろいろです。

笑例 89

プロ野球の外国人助っ人選手も日本の生活に慣れると活躍します。

B氏　「日ハムにメンドーサ投手がいるね」
私　「同僚は札幌ラーメンを勧めたかな。麺どうさ、って」
B氏　「箸を使うのは面倒さ」

●「政治編」

主義、主張がぶつかり合う政治の世界にダジャレを持ち込むのはリスクがあるような気もしますが、ひんしゅくを買わない程度に挑戦してみました。

笑例 90

野党と与党の間には…

B氏　「野党と与党は同じ党でも距離は遠いね。どうすれば距離が縮まるか」
私　「『ゆとり』がキーだと思うよ」
B氏　「どうして?」
私　「『や』と『よ』の間には『や・ゆ・よ』の『ゆ』があるから『ゆ』を『とり除け』ばいいからだよ」

笑例 91

決着して次の段階に。

B氏 「維新の党が正当（政党？）性を主張して混乱したね」
私 「威信（維新）をかけた争いだった」
B氏 「若い政党だからね」
私 「だから和解できたのかも。解党が解答（回答）になるか」

●「英語編」

英語を入れたダジャレはこれまでにも紹介しました。笑例10の「ストーンレス」、笑例36の「エビデンス」、笑例55の「ハイボール、ローボール」などです。外国の方が聞いてもピンと来ないかもしれませんが、ピンに絡むナイスショットがあるかもしれません。

笑例 92

私「ちょっと美味しそうなお造りなのでお見せしてから醤油をかけましょう。Show You（ショウ　ユー）」

私「あ、でも早くかけないとShow Me（ショウ　ミー）期限がありました」

飲み屋に到着して宴席が始まり、お刺身が出てきました。英語入りの私が得意な常套句。

笑例 93

B氏「最近Law School（ロースクール）の話をあまり聞かないね」

私　「話題になった時は何でHigh Schoolを出た人がLow School（ロースクール）に行くのかと思ったよ」

B氏「ロースクールでも「Low」と「Law」でスペルが違うんだよ」

私　「ほうか（法科）」

一時、法科大学院が脚光を浴びました。

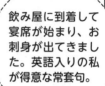

笑例 94

私　「あの店のポテトフライは味がいいね」
B氏「誇りを持って揚げた自信作らしい」
私　「それなら『プライドポテト』だね」

美味しい、
自信作です。

笑例 95

私　「さすが職人技。いい仕事しているよ」
B氏「Good Job ！」
私　「そうグッド丈夫。長持ちするね」

いい仕事は一朝一夕にはできません。

笑例 96

私　「本日最後のコントです」
B氏「鮮やかに決めたいね」
私　「コント・ラストだ」

思いっ切りが肝心です

飲食、宴席はダジャレの宝庫

これまでご紹介した自作のストーリー、会話仕立てのダジャレのジャンルで最も多いのは食べ物や飲み物に関するものです。全体の約三分の一は素材も含めた飲食関係のネタです。口に入るものだけにネタも豊富です。**特に気の合った仲間同士で飲食を共にする時はダジャレを連発するチャンスです**。新鮮なダジャレが生まれる可能性も大です。私も気の置けないお客様との宴席で、調子に乗ってダジャレ38連発という記録を創ったこともあります。

それはさておき、ダジャレが出やすい飲み会には①野菜、肉などの素材を使った料理、飲み物などメニューが豊富、②無礼講であればなおさらいいが、何でも自由にものが言える開放的な雰囲気、③支払いなども割り勘にするなど他の人への遠慮を排除―などの条件が必要です。運ばれてくる料理からダジャレを捻り出そうとしても、メニューが限られていてはダジャレのバラエティーも出ません。上司や同僚に気を使っていてはキレのいいダジャレは望めません。誰かにご馳走になると思えばどこか思い切りの良さが欠けます。

実際に、とある居酒屋でのダジャレ好きな4人（A、B、C、Dの各氏）の仲間内での飲み会を想定してみましょう。もちろん支払いは割り勘。1人4000円で飲み放題。9品の創作料理が出るお値打ちコースです。これまでにご紹介したダジャレも盛り込んだ4人の会話形式で進めましょう。20ぐらいのダジャレが盛りだくさんですが、一緒盛りで「笑例97」として紹介します。

夜6時30分。現地集合でしたが皆が時間通りに揃って飲み会のスタートです。と同時に大上段(冗談?)に構えたダジャレ合戦の開始です。果たしてどんなダジャレ、冗談が飛び出すか。

笑例97

A氏「皆仕事が忙しいのによく時間通りに揃ったね。ここは帝国(定刻)ホテルでなく神田の居酒屋だよ」

B氏「ナンだ、カンだ。店捜しがナンカン(難関)だった。ちょっと迷ったよ。あなたがカンダ^^♪、私は上野^^♪となったら仲間はずれだもの。私だけあまり飲めない上に遅れてはイザ、カヤの外だからね」

C氏「大丈夫。冷や水と煮え湯も含めて飲み放題だから」

D氏「さあ、とりあえずビールで乾杯!え、何、Cさん、いきなり焼酎ロックのダブルなの? こりゃ、早くも『完敗』だね」

乾杯も終わり最初の料理が運ばれてきました。
C氏「まずは前菜のサラダが来たな。前妻はもう来ないけど」
B氏「野菜の種類が多くて迷うな。トマトッタ（戸惑った）」
D氏「産直が売り（ウリ）のキウリらしい」
A氏「次の料理が来るから残りのサラダはサラッタら」

次の料理は魚のカルパッチョです。
A氏「白身魚、スズキかなんかのカルパッチョだ。サケは避けたね」
D氏「サーモンく（文句）は言えないよ。お任せなのだから」
C氏「タイのカルパッチョをキタイ（期待）してたのに」
B氏「スズキの酢好き（スズキ）」

3品目は馬刺しです。
D氏「馬の肉なのに皿はトリ皿」
C氏「そんなダジャレはケトバシとこう」
B氏「なかなかいい味、ウマいね」
A氏「群馬でなく熊本なのに馬肉が名産だ」

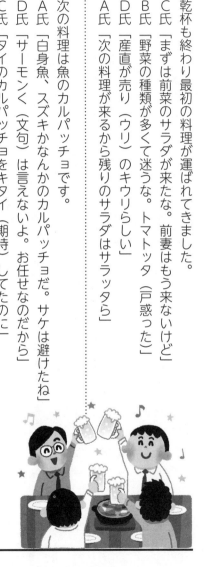

肉料理が続きます。豚の角煮をほぐしてパンに乗せて食べます。珍しい。
C氏「馬の次は豚か。トン出る（飛んでる）ね」
D氏「混んできたからブタイ裏は大忙し」
B氏「パンに乗せて食うのもアルね。パン・クチャ・アル！」
A氏「パンを残せばデザートになるよ。パン・ノコッタ」

飲み放題。飲めないBさんを除いて何倍目かのお替わりです。
B氏「カタメにまたソフトドリンク」
A氏「私は酔っ払ってきたので薄目ハイボールだからローボールね」
C氏「Aさんの薄くした分もらって、俺はハイハイボール。這い回るよ」
D氏「私は赤ワイン。皆のダジャレにコウリゴウリで頭冷やすから氷入り」

料理はキノコ炒めの大皿が運ばれてきました。
A氏「取って皿を回すよ。エ・リンギも回すね」
B氏「肉はないけどニンニク味が利いている」
C氏「マイッタけ（舞茸）。キノコだめなんだ」
D氏「しいたげ（シイタケ）られた後遺症だね」

さすがお値打ちコース。お口直しの6品目のあと7品目のイカの煮物が出ました。
B氏「6品目かな。イカしているね」
A氏「いやロク（6）デナシ。7品目。イカ様?」
C氏「イカガナもんか。そのダジャレ」
D氏「イカめしい人たちだな」

8品目は肉に戻ってビーフカツです。
B氏「ウシッシシッ!出たね。牛肉」
D氏「馬、豚、牛。トリ除いている」
A氏「カツにはマケルね。喝（カツ）入れていこう」
C氏「ウマのカツならウマカッタ」

いよいよコースもメの料理。パスタです。飲み物もラストオーダーです。
D氏「もうお腹いっぱい。パスタはパスだ。赤ワイン追加」
C氏「私はスパッと、ゲットイート。食べますよ。それとハイハイボール」
A氏「飲み物は薄めのジャックダニエルのハイボール。ハイジャックね」
B氏「なんかハイリスクになってきたね。私はクスリ飲みたいので冷や水」

さてやっとお値打ちコースの料理もすべて出て、飲み放題、ダジャレ放題の飲み会もいよいよお開きです。割り勘の支払いもキッチンと済ませ幹事役のAさんから一言。
「皆さんの相乗(冗)効果でダジャレも料理もたっぷり出ました。9品でしたけれどダジャレを1品加えてシナジュー効果が出ました」

ゴルフで使えるダジャレは豊富

ゴルフでのダジャレ、ジョークは尽きません。使えるダジャレは山ほどあります。ゴルフをやらない人には何でおかしいのかわからないようなダジャレが横行しています。ゴルフはボールをクラブで打ってコースをなるべく縦に運んでグリーン、ピンに近付けるスポーツのはずなのですが、ダジャレの回数が多ければプレーには集中できず、まさにコースを「横行する」感じです。いいスコアは期待できません。

ですからゴルフのプレー中にダジャレを言って懇親を深めたい人は、真剣にプレーに専念していいスコアで回りたい人とはともにラウンドしないようにしたほうがいいでしょう。笑いでリラックスできるのでいいショットが出そうな気もしますが、緩む危険性のほうが大です。「ダジャレでプレー、スコアを乱された」とピンに絡まずにダジャレのショットメーカーの自分に絡まれるのがオチです。ダジャレ公認のコンペやダジャレ好き同士か、さもなければ、あきらめ顔の仲間内でのプレーをお勧めします。

実際にダジャレ好きな仲間内4人（A、B、C、Dの各氏）で、とあるコースを回ったと想定してダジャレ・カップ戦を追ってみましょう。前半、後半の3ホールずつを中継します。こちらも50ぐらいのいろいろなダジャレが飛び出しますが、まとめて「笑例98」としてご紹介します。

笑例98

A氏「青天の霹靂でダジャレの雷が落ちるかもしれないけど晴天だね」
B氏「ティーグラウンドはどうする。皆年寄りばかりでシルバーか」
C氏「俺、ティーバックは好きだけど、バックティーは嫌い」
D氏「じゃ、まあ、シロウトだからシロのレギュラーティーで行きますか」

1番ホールはパー5のロングホール。ロング・ロング・ア・ゴー。
C氏「いつでも最初のショットはキンチョール。それっ！」

A氏「Cさん。ナスショット！フェアウェイをずいぶん転がっている。さすが銀座の花屋。ランで稼いでいる。では私目のティーショット」
B氏「おっ。Aさんのショットは右だ。年とともにショットも思想も右寄りか」
D氏「あっ。Bさんのショットは飛んだけど左バンカーだね。バンニュー。私のショットは上にあがってヒバリ落としのナイスチョット」

1番ホールのティーショットはそれぞれ。2打地点に来ました。
D氏「『とんでもないショット』で、まだたっぷり距離が残っている」
B氏「Dさん。第2打。力が入ってチョロだ。ヤバモット・リキンダ！」
A氏「Bさんのボールはバンカーのアゴだね。ロング・ロング・アゴ…。私のボールは右ラフだ。ちょっと深いけどラフ（裸婦）ノータッチ」
C氏「私のティーショットは『飛んでイスタンブール』。あー。いきなり第2打をダフッたー！カンダ・オオテマエ」

その後皆さん1番ホールで3打以降を打ち、やっとグリーンに。
C氏「3打目で乗ったかと思ったけど後わずか。アワヤ・ノリカ！」

B氏「グリーン横のガードバンカーにまた捕まったけど1発で出たよ。5オン。さすが私はバンカー・銀行員」
A氏「ラフで苦労したけど6打目が何とカップイン！パットしないけどパット輝いたね」
D氏「チョロチョロばかりで7オン。ネズミ年だ」

チップインのAさんを除いて1番ホールのグリーンでパットです。
A氏「私はパットなしのピンカラ兄弟。ピン持ちますよ」
B氏「入ればボギー。あっ、1度入ったのに出ルカップ。惜しかった！」
D氏「フックラインをフックらませすぎて入らず。いきなり9で窮地。チョロ9打」
C氏「寄せワンのパー。今日のお約束。パーミッション」

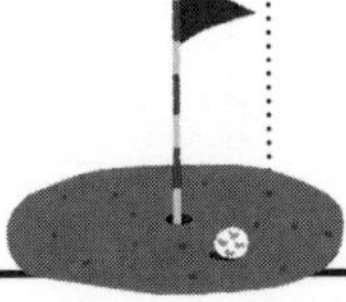

2番はちょっと長めのパー4のミドルホール。右ドッグ・レッグです。
C氏「さあ、またいいショット打つぞ。あっと、花道からラフに行っちゃった。ハナミチ・アチャコ。木に当たって落ちれば気（木）落ちする」
A氏「あっ。左を狙いすぎた。ラフの先の崖下だ。これは大変、ガケシタ・ケイコ」
B氏「うわっ。左に出たけどラフで止まった。ラフで笑うな（Ｌａｕｇｈ）」
D氏「おっ。今度はナイスショット。さっきはフデキ。今度はヒデキ」

2番ホール。右ドッグ・レッグ地点まで来ました。グリーンを狙います。
A氏「ガケシタ・ケイコで3つ打っちゃった。あー。4打目もザックリ・ガックリ」
C氏「ドッグ・レッグは犬の足。足を使って乗せますよ」
D氏「右のピンを攻めるにはちょっとフェードだ。キット・カット打ち」
B氏「さあさあ、ラフからだけど浅いからウッドで2オン狙います。ウッドは何本も持っていて大得意。タイガイ・ウッドだよ」

2番ホールのパットも終わり3番。長めのショートホールです。
C氏「またまたパーミッションだった私から。パーがお約束からミッションになってきた。おっ、ティーがささらない。魔がさすことないように」
B氏「私も同じく前のホールは珍しくパーミッション。あっと、いかん。オニオン・スライスだ」
D氏「アイアンは得意だからね。この距離でも私はアイアンマン。だからオールカネボウ」
A氏「前のホールは7転び8起きでパー違いの8。自分のせいなのに、ついキャディさんに絡んじゃったよ。今度はピンに絡むぞ。よしピンそばだ」

その後悲喜こもごものラウンドが続き前半のハーフが終了。Aさんはヨロこびの46、Bさんはシックりこない49、Cさんはパーミッションに4打届かず40、Dさんは誤算続きの53のスコア。昼食です。

A氏「よし午後は華麗なショットが出るようにカレー。大盛ね」
B氏「私はスライスがよく出たのでス・ライスのスシだ」
C氏「私はサンドイッチ。砂（サンド）から1発で出るように」
D氏「私は上がったショットばかりだったから天ぷらそばで厄落とし。ヤクミなしで食べよう」

たのしい昼食も終わり午後のラウンドのスタートです。10番はパー4のミドル。ティーショットです。

A氏「ぎゃー、左に引っ掛けてOBだ。杭過ぎ（食い過ぎ）た！」
B氏「酢メシの効果なくまたス・ライスだ。固唾（カタズ）を飲むわ」
C氏「ナイスショットだけど右バンカーだ。いきなりサンドイッチの威力を発揮しそう」
D氏「私もナイスショット。天ぷらショットは厄落とししたので出なかった」

11番は左ドッグレッグのパー5。短めのロングホールです。2オンする人はおらず第3打地点からのプレーです。

D氏「ノルか、ソルか。あーやっぱりソレタ。ソレ見たことか」

A氏「ここは何とかジャンケンみたいに、グーなチョッキリショットでパー狙い」

B氏「またまたタイガイ・ウッドで見事3オン。ウッドストックのお守りが効いたな」

C氏「サンドで3度叩いて4打目（ダメ）だ。バンカーなことやってばかりでもうダメだ。パーミッションよ、サヨウナラ」

12番は短めのショート。ニアピン賞がかかるホールです。

A氏「クラブはウェッジでもウッドでもどちらでもOK。賞品はウェッジウッド商品の詰め合わせだよ」

C氏「よし。ここは何とかバンカーを避けてピン狙い。昼飯はサンドイッチでなくピンそばにするんだった。バンカーイ（挽回）したいね」

B氏「ワンオンしたら売店の缶ジュースは無料らしい。感無量だね」

D氏「私はナイスショット！だけど、サブグリーン。隣の芝生が青いから狙っちゃったよ。マア、マアだからアメリカのお母さん」

とダジャレが横行しましたが、ゴルフは何とか縦に進みホールを順調に消化。皆さん、無事にホールアウトしました。

結局スコアは、Aさんが46、49でヨロシクのスコア、Bさんは芝目をヨクヨム効果で後半盛り返して49、46。Cさんは後半がパーミッションからはほど遠く49。40、49の89で四苦八苦（49、89）、Dさんは午後に55で、誤算（53）の午前と合わせて１０８の煩悩の鐘。さすがスコアまでオールカネボウです。怪我はなかったのですが、95（救護）が2人も出る結果となりました。

なおダジャレ・カップ戦が開催されたゴルフ場については非公開です。ダジャレで観衆を沸かすワカス・カントリーだったのか、どのコースで開催されたかは定かではありません。

第5章

笑いを磨くヒント

～思い立ったがダジャレ日！～

(1) 1日1ダジャレのたのしい努力を重ねる

新聞記事をチェック

第4章で「笑いを創るヒント」をご紹介しました。ダジャレを創り出すコツが掴めたのではないでしょうか。第5章ではさらにそのダジャレに磨きを掛ける、**「笑いを磨くヒント」**についてご案内します。

ダジャレは「同じ、あるいは非常に似通った音を持つ言葉をかけて遊ぶ」わけですが、いくつもポンポンと捻り出せる時もあれば、あまり思い浮かばない時もあります。その時の場面、自分の調子の良さや周囲との関係によってダジャレをうまく創り出せるかどうかが左右されます。

サッカーの本田圭佑選手は以前、ゴールが生まれる感覚を「出る時はケチャップのようにドバッと出る」と表現した記憶がありますが、ダジャレも似たような感じがあります。ダジャレを理解して、タイミングよく掛け合ってくれる仲間がいる宴席などは条件としては最高で、絶妙なアシストのパスがいくつも回ってきて楽々と、それこそケチャップのようにダジャレがドバっと大量に飛び出します。しかもフレッシュな「粋のいい」ダジャレです。
しかしそんな好条件はなかなか揃うものではありません。**やはり普段から地道に努力を重ねストックし、引き出しにいっぱい詰め込んでおく**ことが重要です。1日1笑、ドミノ・ピザジャパンのスコット社長がされたように**1日1ダジャレ、「DAJARE-A-DAY」**を続け、ダジャレ力に磨きをかけていく努力が必要です。

しかし現役のビジネスマンは毎日の仕事に追われ、現実には1日1ダジャレを創造していくことは大変です。私も現役の時にはなかなかそれはできませんでした。しかしその気にさえなれば、宴席の後の**帰宅途中の電車の中で思いついたり、翌朝の通勤電車の中で思い浮かんだり**で、ダジャレを創造する機会はあったのです。その時にすぐにメモを取ればいいのですが、後回しにするともう頭の中には甦ってはくれず、いいダジャレを取り逃がしたことも何度もありました。そこで現役の頃にはいつも持って歩く手帳を使いました。手帳の前のほうのあまり使わない場所に忘れないようにメモしたものです(写真4)。1日1ダジャレは無理にしても2日か3日に1つ、2つのダジャレを創造し書き留めることができました。1年間では200ほどが手帳に書き込まれました。

仕事に追われる毎日から解放されてからは、夜寝る時に床に入りながらゆっくりと1日の出来事を振り返り、頭の中に残った笑ったこと、おもしろかったこと、気になったことを思い浮かべ、ダジャレにできる案件がないかを吟味します。いいものがあればそれをメモします。そして朝になって確認し、いいものであれば自分の引き出しに仕舞います。やはりお酒を飲んで酔った状態の時は「とてもいいダジャレができた」と思ってメモしたものが、朝になって酔いがさめて見返すと「おもしろくもなんともない」ということがままあります。ですから一晩おいて内容、レベルを確認するわけです。夜のうちに頭に思い浮かべておくと夢でダジャレを思い浮かべていることもあります。大体は朝になると頭の中から消えているのですが、滅多にはありませんが、そのまま夢に見たダジャレが残っていて慌ててメモ

写真4

して採用する場合もあります。

新聞社に勤めていたからではありませんが、**新聞も活用**します。現役の時には時間がない中で自分の仕事に関係する記事を追いかけ、情報を入手するので手いっぱいでしたが今は余裕があります。朝、新聞を読みながら、気になるワードを拾います。新聞記事は第4章でご紹介したようにジャンル別に情報がきちんと整理されており、その分野の最新の情報満載です。各界の旬の出来事を写し出す鏡です。ですからそこに載っている言葉、ワードも新鮮そのものです。しかも休刊日を除いては毎日読めるわけですから、1日1ダジャレの最高の教本になります。新聞記事からその日の気になるワードをチェック、メモします。その後は現代ならではの小道具を活用します。

スマホ、パソコンを活用する

「貴社の記者が汽車で帰社して喜捨した」というフレーズは昔から伝わる同音異義語を並べた代表ですが、これがまさにダジャレの好例と言えます。ダジャレは「同じ、あるいは非常に似通った音を持つ言葉を掛ける」遊びですから、いかに場面に合った同音異義語を見つけ、言えるかにかかっています。この同音異義語を容易に探し出せるのが、現代の魔法の小道具・スマホです。**その日の新聞記事から気になるワードを見つけ、スマホで検索し変換機能を活用**する。スマホなら、同音異義語を瞬時に検索、ゲットできます。しかもそのワードの意味も丁寧に解説されているので使い方を間違えることもありません。万が一、記憶が定かでなくても確かなところをチェックできます。

例えば、新聞記事の中から大学「教授」というワードを探し出しました。これをスマホでチェックすれば「教授」のほかに「享受」というワードを検索できます。また似通った言葉として「今日中」というワードが出てきました。これらを場面設定しながら、ほかのワードとも組み合わせて会話の中に使えば、一つの広がりのあるダジャレストーリーができます。

笑例 99

B氏「あの教授、よく僕のテストの変な回答を合格にしてくれたね。助かった」
私「何か許容（教養）範囲が広くて、よく享受してくれるらしいよ」
B氏「強要（今日、用？）しないだろうけど、今日中に教授にお礼言っておこう！」

就職活動をする学生にとっては採用スケジュールがたびたび変更になり困惑しています。採用の「解禁」がいつになるのか気になります。そんな記事が新聞に載っていました。

笑例 100

B氏 「何か、採用面接の『解禁』が8月から6月に変更になったらしい」
私 「6月じゃ、まだ『開襟』シャツは着れないね」
B氏 「でも会社訪問はいつになっても『皆勤』あるのみだ」
私 「学生のためにも『偏向』した『変更』にならないように望むね」

郵政グループ3社の株式が公開され、株価は売り出し価格を上回り高値で推移しているようです。

笑例 101

B氏 「郵政3社の株が売り出された」
私 「三者(社)三様だけど、売り出し価格を上回り、今のところ『優勢』に進んでいるみたいだね」

B氏　「高値に達しているから凄い」
私　「配達も業務だから『ハイ達』になるよ」

笑例 102

都市機能を地方にいかに移転できるかが、今後の国の発展に大きな影響を及ぼします。

B氏　「都市機能をうまく分散できるかが課題だね。昨日新聞に出ていた」
私　「『年』を取ると機能は落ちるよ。的確な『投資』が必要だ」
B氏　「『年を賭して』やり抜く人がいないと」
私　「一生を通してがんばる人ね」

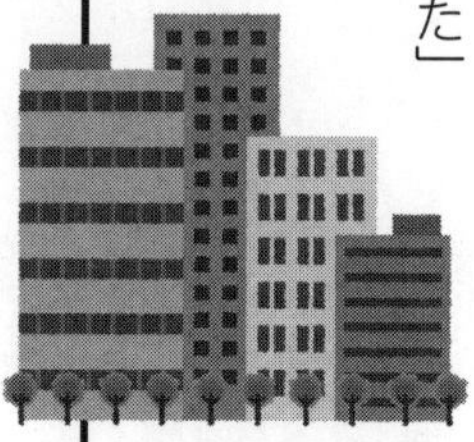

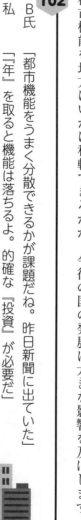

今や世界はひとつ。経済も政治もグローバルにつながっています。

笑例103

B氏　「いろいろなことが地球規模で起きる。世界はひとつだね」
私　「それは『正解』。その通りだ」
B氏　「こまめに世話を焼いてくれる、いいお『節介』役、リーダーが必要だね」
私　「その出現をせかせたい」

(2) 想像力の総まとめ—ダジャレ・レストラン

私のダジャレが飲食関係から多く誕生していることはすでにご紹介しました。飲食やゴルフなど、場面を限ってダジャレを創作しようと試みることが、多くのキレのあるたのしいダジャレを生むのです。これをさらに発展させて「空想(創)」になりますが、想像上の場面設定をして奇抜な発想で別世界のダジャレを生み出すことに挑戦したいと思います。**想像力の総まとめ**としてご紹介します。名付けて「ダジャレ・レストラン」の開業です。

ダジャレ・レストランは「空想(創)」の世界ですが、現実にメニューにダジャレを取り入れたレストランがあります。銀座の辛来飯(カライライス)の店「ニューキャッスル」です。同店は1946年創業の老舗で、銀座2丁目でオリジナルのカレーの専門店として人気を博していました。しかし店舗の老朽化や地盤沈下で2012年7月、二代目店主の時に閉店を余儀なくされました。閉店を惜しむファンの声がネット上でもうかがえました。その声に応えるかのように以前の店の常連客だった後継者の三代目店主にも恵まれ、2013年6月に同じ銀座柳通り沿いですが、昭和通り近くの銀座2丁目で再オープンを果たしました。

以前の店には何度か行ったことがありましたが、昨年初めて新店に行ってきました。店はすっかり新しくきれいになりましたが、ダジャレの効いたメニューと野菜や果物の旨味が詰まったコクのある味は変わっていませんでした。

メニューは分量、盛り具合の違いを京浜東北線の駅名でダジャレを効かせて表示しています。以前の店では「大井」（多い）を基準に、「大森」（大盛、玉子付き）、「蒲田」（その先、玉子付き）、「品川」（その手前）となっていましたが、現在は実際の分量、盛り具合に合わせて以前とは違う表示になっています（写真5）。「大井」が（少ない）になり、「大森」が（小盛り）になりと何か逆説的になりましたが、これはこれでまたおもしろくなっています。「川崎」（大盛り、玉子付き）、「蒲

写真5

田」（普通より少し少ない、玉子付き）、「品川」（かなり少ない）もあります。ちなみにメニューには載っていませんが「つん蒲」という「蒲田」と「川崎」の間の盛り（玉子付き）も隠れメニューとして健在でした。「つん蒲」は「つんのめって蒲田の先」という意味です。

ニューキャッスルは実際にある店ですが、私のレストランは空想上の店です。空想の世界ですので店名やメニュー、レシピは勝手気ままにダジャレを効かせて考えました。まとめて笑例104としてご紹介します。

笑例104

店名は「シャレード」、店長は「マ・イケル冗談」、お客様（客層）は「ダジャレ好きな方々」です。料理のジャンルは「種々雑多」。タネが多い料理ではなく、ダジャレが効いているのがポイントです。開店（営業）時間は「四六時中」、休みは「バカをいう時」（バカも休み休み言え）となっています。

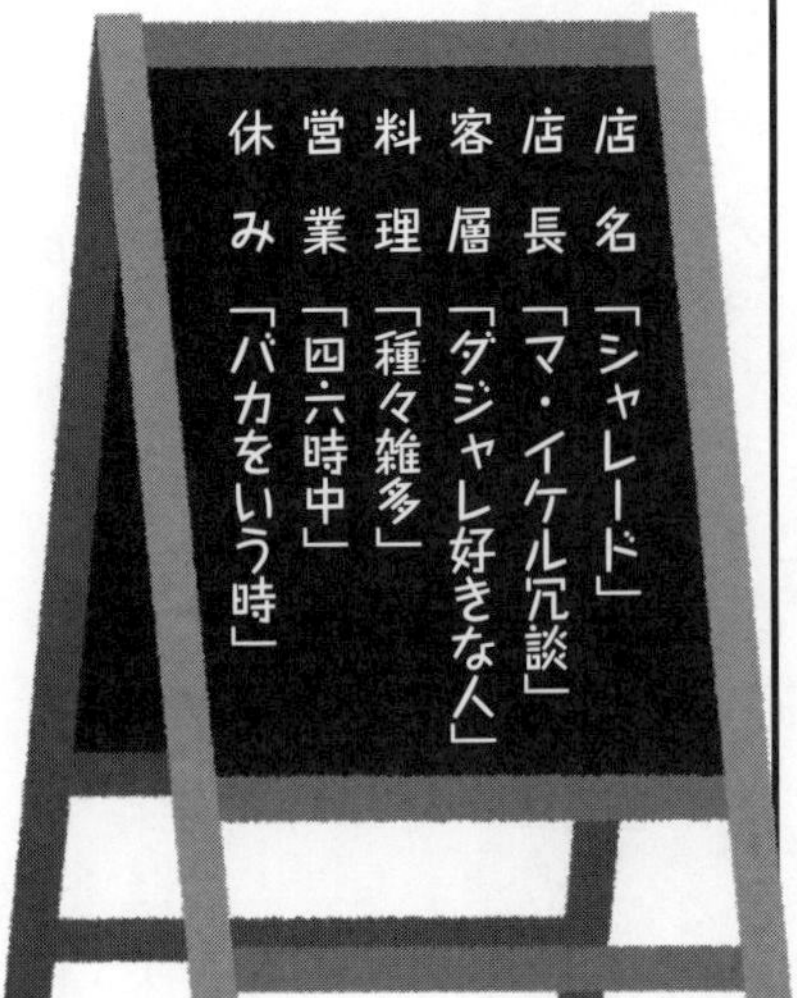
店名「シャレード」
店長「マ・イケル冗談」
客層「ダジャレ好きな人」
料理「種々雑多」
営業「四・六時中」
休み「バカをいう時」

肝心のメニューを特徴やレシピなどとともにご紹介します。これまでの笑例で取り上げたものも同店のメニューとして加えています。

〈コーヒーは2種類〉

●**「深入（煎）り・倍せん（焙煎）コーヒー」**
深めに煎った豆を深いカップにたっぷりと入れた本格コーヒー。値段は倍はせんから半額の500円。

●**「浅（朝）入（煎）り・モーニングコーヒー」**
毎朝、浅目に煎った豆を使ったモーニング専用のコーヒー。浅いカップに入れるので値段は深入りの半額の250円。

●**「カタズ」**
「カタズを飲む」ドリンク。黒酢か梅酢かどちらか片方を選びベースにする。酸っぱいので唾液がいっぱい出て緊張する。「固唾（カタズ）をのむ」ことに。1杯300円。

●**「神社エール」**
作り方は神のみぞ知るジンジャエール。容器は恐れ多くも小さなお榊入れ。値段はお賽銭と同じく志で。いくらでもOK。5円（ご縁）払う人がいるが恐れ多いので注文する人は少ない。

〈サービスドリンク〉

●**「古茶」**

新茶とは真逆の古いお茶。何年か経っているが保存状態は良く飲める。古い紅茶なども古茶として提供。もちろんタダ。

●**「煮え湯」「冷や水」**

お客様の精神状態に合わせてご要望があればお出しします。こちらも無料。ただし無量の時もあります。

《飲み物》アルコール

〈ショウコウ酒の種類は豊富〉

●**「昇降酒」**

飲み過ぎると上へ下への昇降状態になるショウコウ酒。度数は高めの18度。1本3000円。

●**「焼香酒」**

お通夜の帰りに故人を偲んでしんみりと飲むショウコウ酒。あっさり味で度数も低めの14度。値段も安く1本800円。

●**「小康酒」**

忙しい仕事の合間、小康状態の時にちょっと飲むショウコウ酒。度数は中間の16度。値段も小康を保って1500円。

●**「商工酒」**

商業、工業に従事する人が好きなショウコウ酒。度数は16度ながら街の働く人の味方で値段は格安の一本800円。

〈ハイボール系も数種類〉

●**「ローボール」「ハイハイボール」**

「ローボール」はご存じハイボールの薄目。ウイスキーを炭酸（単三）でなく単四で割っている（単に四分割）。1杯300円と安め。この薄くした分を足した「ハイハイボール」は600円。濃いので飲み過ぎると酔って店内をハイハイする危険アリ。

●**「ハイジャック」**

ジャックダニエルのハイボール。飲み過ぎると店をハイジャックされる危険アリ。1杯500円。

〈ワイン〉

●「ワイインダー」

芳醇な香りとコクのある超高級ワイン。頼むとうらやましがられ、「わっ、いいんだ」と言われる。1杯1000円。

●「小岩のワイン」

小岩でブドウが採れ、ワインが醸造されているか定かではないが、とにかく飲むと「濃いわ（小岩）」。1杯500円。

●「ニッコリマッコリ」

飲むと思わずにっこりする美味しいマッコリ。飲み口がいいので飲み過ぎ、笑い過ぎに注意。値段は1杯400円。度数はビール並みの6度と低め。

●「二本酒」

日本酒だが二本までと飲み方を限定されている幻のお酒。特別なコメと水を使っている。お銚子1本800円。

●「しょっちゅう」

いつも飲みたくなるコクのあるイイモノ焼酎。いくら飲んでも焼きは回らないが酔いは回る。25度と度数は高い。度を越えないように注意。1杯500円。

《おつまみ》乾きもの

●「坊主の誘惑カクテル」
カクテルのマルガリータ。「坊主はマルガリだ」。テキーラをベースにライムジュースやレモンジュースで割っている。度数は20度、30度と高め。「テキーラ」がベースだが味方、ファンが多い。1杯700円。

●「Bヒレ」
エイ（A）ヒレはあぶって七味入りマヨネーズをつけて食べるが、Bヒレはそのまま常温で何もつけずに食べる。硬いので歯ごたえがあり長持ち。B級グルメで1本100円。

●「あられ」
裸のままで出てくるおかき。見た目が「あられもない姿になっている」。「おこし」が出ると「あられ」が隠れる。一皿100円。

●「やっちまった」
美味しいピーナッツ。ちょっとしでかしてしまった時などにポリポリ食べるといい気分。ストレス解消になる。1皿300円。

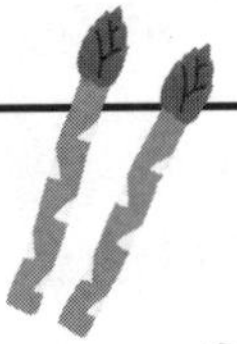

《おつまみ》一品

●「カキ厳禁」「カキ現金」

「夏季」には出せない生牡蠣。旬は冬場。火を通したらせっかくのうまみが消えてしまうので「火気厳禁」でもある逸品。支払いは「現金」のみで1個300円。

●「トリの歌手ナッツ炒め」

紅白歌合戦のトリを務める歌手の歌を聴きながら食べる大晦日限定の鶏のカシューナッツ炒め。ベテラン歌手が務めれば「ナッツカシュー」ございます。1皿1200円。

●「お腹の調子どっち野菜炒め」

ゴボウとアスパラガスを炒めた一品。ゴボウはご存知、食べると「腹が張ってガス」が出ることも。アスパラガスは明日の腹の張りとガスを抑える効果あり。どっちの状態になるか。1皿1000円。

●「バイアグラ×2」

「バイアグラの倍」だからフォアグラ。バイバイ・アグラだから正座して食べましょう。高級料理でお値段は1皿3000円。

●「エ・リンギ炒め」
食べたい時には稟議書を回して注文する一品。根回しがミソなので根菜とエリンギを味噌炒めにしている。1皿800円。

●「オシュ・ウマイ」
これでオシマイ。最後の1個のシュウマイ。フカヒレやアワビなどの高級食材を使った贅沢な品。値段は1個500円。

●「サワラナイデ」
ほとんどお目にかかれない人気の一品。刺身もいいがやはり西京焼きが旨い。その味は「最強焼き」と言われるほど。1皿800円。

●「トリアエズ」
店に来てすぐに食べたい時に「とりあえず」頼む鶏肉を酢で和えたつまみ。お通しのようなもの。1皿300円。

●「報・連・相のお親し」
「ほうれん草のお浸し」なのだが、店に報告・連絡・相談なしには出してもらえない。親しい馴染み客にしか出ない。1皿400円。

鍋物

●「詳細フグ」
フグに詳しい通の人しか食べないので「ショウサイフグ」。皮は食べられないので注意。1皿2000円。

●「多毛濃厚の善人焼き」
皮に毛が多くある味の濃い新鮮なタケノコ。春先が旬。アク（悪）抜きが必要なので善人しか食べられない。別名「お人好し焼き」。1皿300円。

●「イカサマ」「イカクン」
アオリイカやケンサキイカなどの高級なイカはイカ様（サマ）、大衆的なスルメイカなどはイカ君（クン）。新鮮な刺身が一番。値段はサマザマでイカが？

●「レイソル鍋」
黄鶏（カシワ、柏）入りの鍋。黄ニラ、黄パプリカ、黄菊、銀杏などレイソルのカラーにちなんで黄色系の具沢山。海苔も。レイソルサポーター注目。1人前1500円。

●「夜鍋」
夜中の12時を過ぎてから注文をする鍋。おふくろの味。徹夜仕事（よなべ）もこなせる栄養、体力がつく。1人前2000円。

●「キリタンポポ鍋」
秋田名物「キリタンポ鍋」の向こうを張った鍋。キリボシ（切り干し）大根とタンポポが入った庶民的な鍋料理。担保はなし。1人前800円。

●「ゴメン（誤麺）ラーメン」
麺の茹で方が間違っていて謝るばかりの評判の良くないラーメン。味はイマイチ。あまりお勧めではない。格安の1杯300円。

●「ピン・そば」
ゴルフ場でも出される焼きそば。お子様ランチのようにピン（旗）が立っていて、ゴルフボールに見立てたウズラの卵がすぐ横に。ゴルフ好きがそそられる一品。1皿900円。

● 「カ変そば」

カカそば（おカカがいっぱい）、カキそば、カクそば（肉の角煮入り）、カケそば、カコそば（昔ながらの）とカ行の変化で種類がある。「カケ値なし」なのでカケそばのお代は志で。

《主食》パン系

● 「サンド一致」

ゴルフ場のバンカーの砂のように黒ゴマがパンの上にびっしりと塗られたサンドイッチ。見た目がバンカーと一致（イッチ）している。三度（サンド）までは注文できる。1皿900円。

《主食》ご飯系

〈カレー〉

● 「オクラ入りカレー」

そろそろメニューから外してお蔵入りにしようとしているカレー。オクラ入りで、消えそうで消えない粘りがある。1皿900円。

● 「エビデンスカレー」

伊勢エビ1匹が丸ごと入った高級な贅沢カレー。高いので予約、食べる根拠、証拠（エビデンス）を示す必要あり。1皿3000円。

● **「さばよみカレー」**

サバの缶詰を使った手軽なカレー。サバの身が4つ入っているので「サバ4身」。きちんと入っているのでサバは読んでいない。1皿500円。

〈オムライス〉

● **「オ・ウムライス」**

そっくりそのままオウム返しのように返してしまうオムライス。美味しくない。手を付けないのでお代はいただけない。

● **「フワトロビアン」**

フワフワ、トロトロでトレビアンな、すばらしいオムライス。フランス産の卵を使っている。1皿1500円。

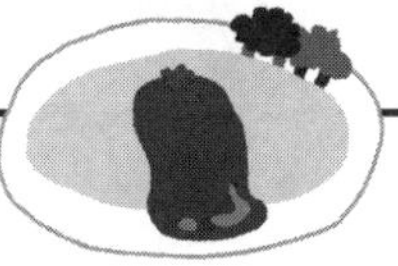

《主食》粉系

● **「関西のコナモン」**

お好み焼きやたこ焼き、うどん、豚まんなど、関西で人気のある粉系の食べ物。その日の気分によってどんなコナモンがメニューにあがるかを決める。気分はコ（ン）ナモンカ。

●「キック・ピザ」
マルゲリータのピザ。バジルの緑、モッツァレラチーズの白、トマトソースの赤がイタリア国旗をイメージ。サッカー王国イタリアならではのキックの利いた「マルゲリ・ータ」。下痢は起こさない。1皿1200円。

デザート

●「パンノコッタ」
ご存じ、残った（ノコッタ）パンをベースに牛乳、生クリームを使ったガッツリ系のデザート。1皿1200円。

●「ナタデココキッタ」
ナタを使って原料のココヤシの実を切る。「ココナツ」で夏にしか出ない。1つ700円。

（3）新分野に挑戦する

周囲に耳・目を向ける

家で新聞やテレビ、パソコン、スマホをチェックすれば、それなりのダジャレやお笑いのネタのヒントを得られますが、やはりオリジナルの新鮮なネタをゲットするには街中に出て自分の耳、目で情報を収集するのが一番です。私なりにゲットしたネタを少しアレンジしてご紹介します。

笑例105

以前、京葉線に乗っている時に面白いネタをゲットしました。ご存知、京葉線には東京ディズニーランドの最寄り駅の舞浜駅があります。ディズニーランドをたのしむ家族連れが大勢乗り降りします。そんな家族連れの会話が聞くともなく耳に入ってきました。

孫　「おばあちゃん、ディズニーランドに行くんだよ。わかる?」
祖母「ああ、知っているよ。ミッキーがいるところだろ」
孫　「そうそう。女の子のミニーもいるよ」
祖母「でもミッキーって、何者かね。大きい耳して」
孫　「ミッキーマウスだからネズミだよ」
祖母「そうか、それでネズミーランドって言うんだ」

笑例 106

ある時、若者二人の会話が聞こえてきました。

A君「この間、自転車に明かりつけないで乗っていたらおまわりさんに呼び止められたよ」
B君「そりゃそうだよ。無灯火はいけないよ」
A君「計画停電と言ったけどダメだった」
B君「ホントウカ。見通し暗いよ」

笑例 107

ユーモアあふれる、働くママさんらしき人の会話です。

Aさん「産休明けでまた会社に復帰したのよ」

Bさん「お礼を言われたでしょ。サンキューって」

Aさん「でも子供のお迎えで4時には退社しているの」

Bさん「1児の母なのにね」

笑例 108

家の近くの踏切で発見しました。

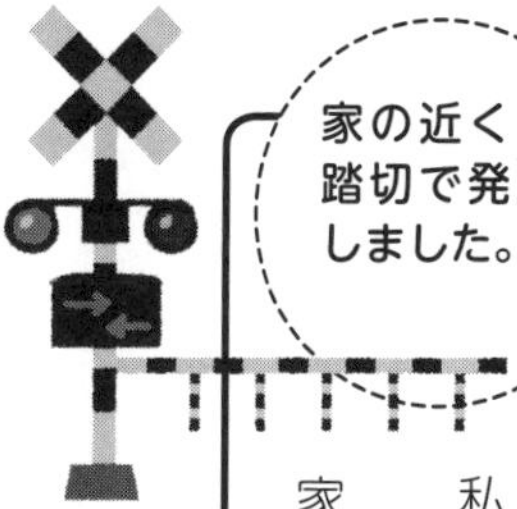

私「この踏切、ちょっとややこしいよ」

家内「えっ、どうして？」

私「だって『この踏切は人と二輪車以外は通行できません』と書いてある。犬は通れない。犬の散歩はダメだ」

家内「それには踏み切れないかも」

数字で遊ぶ

数字の語呂合わせはナゾナゾのような要素もあって結構たのしいものです。頭の体操にもなります。昨年11月、ある小学校の女性教諭が算数の授業で不適切な数字の語呂合わせを生徒に教え問題になったというニュースが報じられましたが、良識を持って使えば数字の語呂合わせは暗記などに大いに役立ちます。

学生の時に歴史の年号を数字の語呂合わせで覚えた方も大勢いると思います。


「５３８年＝ゴミハなくそう仏教で。仏教伝来」

「６４５年＝虫殺された大化の改新」

「１１９２年＝イイクニつくろう頼朝さん。鎌倉幕府」

「１４９２年＝意欲に燃えるコロンブス。アメリカ発見」

他人が同じ年号、出来事を、違う語呂合わせで覚えているのを聞いた時などはなぜかしっくりせず、「自分のほうが優れている」などと比較してみたものでした。一度自分なりに評価して覚えたものは頭に刷り込まれなかなか記憶から消えないものです。

ルートの語呂合わせは皆、ほとんど一緒でした。


「ルート2＝1．41421356……。一夜一夜に人見ごろ」

「ルート3＝1．7320508075……。人並みにおごれやおなご」

「ルート5＝2．2360679……。富士山麓オーム鳴く」


記念日なども語呂合わせで設定されているものがかなりあります。

各月別に代表的なものを挙げてみても以下のようにあります。


「1月5日＝囲碁の日」

「2月9日＝フグの日」

「3月8日＝ミツバチの日」

「4月18日＝よい歯、よい刃の日」

「5月29日＝呉服の日」

「6月4日＝蒸し料理の日」

「7月10日＝納豆の日」

「8月3日＝ハチミツの日」

「9月2日＝くじの日」

「10月4日＝投資の日」

「11月22日＝いい夫婦の日」

「12月12日＝いい字いい字で漢字の日」

さらに、毎月次のように設定してサービスを実施し、人気を呼んでいる商店もあるようです。

「12日＝トウフの日」　「18日＝頭髪の日」　「19日＝トークの日」
「26日＝風呂の日」　「29日＝肉の日」　「30日＝味噌の日」

私もすでにこれまでにもスマイルちゃんの話で315＝サイコー、笑例50の4×3（資産）＝12億円、笑例61の夜景の話で361＝サムイ、笑例98のゴルフの話で4649＝ヨロシク、4946＝ヨクヨムなど数字の語呂合わせをご紹介しましたが、このほかにも数字遊びはきりがありません。「私の髪型は7・3に分けていますがこれは実は21歳時からです。7×3＝21」なども時々ツカミネタとして使っています。

4×3（資産）＝12億円
2×9（ニクを食べた枚数は）＝18枚
4×8（シワの本数は）＝32本
9×4（クシの歯の数は）＝36本
8×9（ハチクの勢いの連勝記録は）＝72連勝

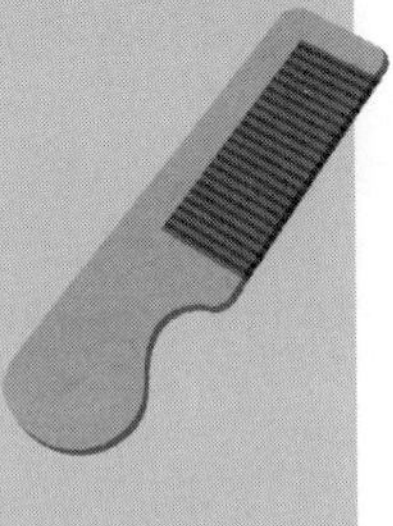

などを思いついてタイミングよく使いウケたこともありました。

八百屋さんの店頭をのぞくと「数字」はいっぱい並んでいます。

果物では、15(イチゴ)、74(ナシ)、91(キューイー)、493(シークァーサー)、
877(バナナ)、5572(ココナッツー)

野菜では、37(ミズナ)、38(ミツバ)、58(ゴーヤ)、229(ニンニク)、
787(ナバナ)、8931(ハクサイ)、9431(クーシイサイ)、
10 10(トマト)

魚屋も負けていません。
38(サバ、サッパ)、51(コイ)、62(ムツ)、906(クロムツ)

他愛もない数字遊びにお付き合いいただき5963(ごくろうさん)でした。

ダジャレ川柳に挑む

自分としてはダジャレをストーリー、会話形式にすることによって一発芸に広がりを出せたような気がします。それはそれでいいのですがもっと深みを増し、余韻をたのしむには逆に限られた条件、範囲の中でダジャレを使ったほうがいいのではないかとも考えます。1度拡散させたものを選択、集中することによって深み、独特の余韻を出す。それを川柳で実現できないかと思います。

川柳は5・7・5の限られた言葉の中で、季語などにはとらわれず人生や人事、世俗などを鋭い観察眼とユーモアで自由に表現している深みのあるお笑いです。「居候、三杯目にはそっと出し」は江戸時代に創られた川柳の代表作ですが、あたかもその光景が目に浮かぶ傑作です。また毎年発表されるサラリーマン川柳も機知に富んだおもしろおかしい作品ばかりで深みがあり、余韻があります。

せっかく40年もの間、明るくたのしいサラリーマン人生をダジャレとともに過ごしてきたのだから、「ダジャレ入りのサラリーマン川柳の傑作を創りたい」という思いがあります。

「うがち、かるみ、おかしみ」が川柳の3要素だと言われますが、そこにダジャレを巧みに取り入れられれば「おかしみ」がさらに表現できるのではないかと考えています。

ネットで調べてみるとすでにそうした試みをされている方もいらっしゃるようです。「だじゃれ」と「川柳」の掛け合わせで「だじゃれ川柳」。語彙力や言葉のセンス、創造力、ひらめき、遊び心などのさまざまな要素が求められるそうです。そうした要素をどこまでクリアできるのか、これは新たなお笑い、ダジャレ力に磨きをかける挑戦になる気がします。

これまで笑例でご紹介したオリジナルなダジャレストーリーのいくつかをダジャレ川柳にすれば次のような作品になります。

・「抽選会　当たった僕に　チューセンカイ」
・「抽選会　三か所押して　参加賞」
・「前倒し　カイキンシャツは　先送り」
・「あられない　姿に変わる　おこしかな」
・「頭だけ　顔を出すから　しり抜けに」
・「カキ厳禁　夏季は生ガキ　食べないで」
・「カキ厳禁　火気は避けたい　生ガキは」
・「おなかまは　おなじ釜の　飯を喰い」

・「ストレスで　溜まった石取り　ストーンレス」
・「声が出ぬ　喉を腫らして　へんとうせん」
・「神頼み　ジンジャエールで　盛り上がり」
・「同期会　動悸　息切れ　老人会」
・「ハイボール　薄目に作れば　ローボール」
・「ハグしても　慣れぬ私は　チグハグに」

新作のダジャレ川柳もいくつかご紹介します。

・「こんぺい党　あれば支持率　尖がるぞ」
・「ドットコム　電車と思えば　ウェブサイト」
・「粗びきの　ウィンナー大盛り　5割びき」
・「そんざいの　そじが濁れば　ぞんざいに」
・「鬼はうち　豆をまかずに　管をまき」
・「濡れ落ち葉　ダスト言われぬ　うちが花」

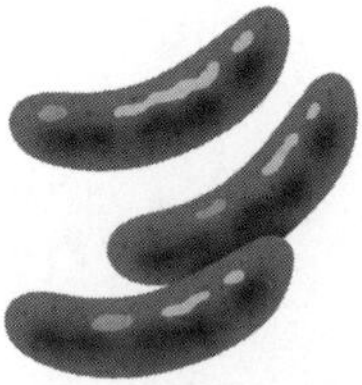

出来映えはいかがでしょうか。皆さんの「ウマい！」ボタンが少しでも押されれば幸いです。

ダジャレをストーリー仕立て、会話形式にして可能性を広げ、そして今度は範囲が限定された川柳の世界でダジャレを活かす――この行き来ができるとダジャレに磨きがかかり力も加わると確信します。ダジャレ力、笑いの向上にはそんな取り組みがあってもいいのではないでしょうか。

おわりに

皆さん、最後まで私のダジャレにお付き合いをいただきありがとうございました。本書をお読みになられて笑談力、ダジャレ力がアップされたでしょうか。

振り返れば約40年のサラリーマン人生。私は他の人よりも比較的異動が多くいろいろな部署や会社、仕事を経験することができました。そこで多くの人、お客様と交流できたことが大変に貴重でした。

でもどうしてそんなに異動が多く、早く代わってしまうのか。「評価が芳しくなかったから？」なのかもしれませんが、第4章でふれたように、ある時私はそれが自分の名前に由来していることを発見しました。私の本名は「かわほり　やすし」。そこから「ほ」を抜けば「かわりやすし」。「だからかわりやすかったのだ！」と判明してスッキリ。でも「ほ」抜けだから「ま」抜け」でなくてよかった。ということでスッキリしました。

これに関連してつい最近「にほんじん」から「ほ」を抜けば「にんじん」になることを発見。今はダジャレやジョークになっていませんが、頭のどこかにこの「にんじん」のタネを仕舞っておけば、いつかタネがネタになり花が咲き、立派な「ダジャレにんじん」、笑例に育つのです。それが私のやり方、戦略です。

異動ではほぼ「1から出直し」ということになりますが、そのお蔭で新しい仕事や組織に慣れ、お客様との良好な関係を創るためにさまざまに工夫し努力を重ねました。私の場合、その中心にダジャレから発せられる笑い、ジョークがありました。笑いながら「明るく、元気に、前向きに」。時には「明るく、謙虚に、前向きに」やってこられたのが何よりも幸せなことです。

広告会社の社長時代にイントラで社員の皆さんにブログを書いていました。約300人規模の会社でしたが、それでも社員の皆さん全員と毎日顔を合わせるのは困難なことです。1週間の中でもそれは至難の業です。そこで1週間に1回のペースでしたが、ブログで社員の皆さんに情報発信したわけです。ブログの名称は「ブロローグ」。変わった名前ですが私の気持ちの表れです。最も理想的なのは社員の皆さんと顔と顔を突き合わせて会話ができる、「フェースツー　フェース」の関係、お付き合いなのですがそれは難しい。それなら社員の皆さんがご自分のペースで接触できるブログによる発信をしようということだったわけですが、そのブログは「フェース　ツー　フェース」に近づくプロローグに過ぎない―ということで「ブログ」と「プロローグ」を掛けて「ブロローグ」にしたわけです。

「プロローグ」では会社の方向性や経営理念、業績、イベントなど業務関係を紹介する硬派系と、私の好きな食べ歩きや街の散策、趣味の数々などを紹介する軟派系の内容を織り交ぜながら発信しました。ほぼ1週間に1回のペースでしたから4年間で180回近くのブログとなりました。字数にすれば32万字。400字詰め原稿用紙にすると800枚という分量です。本書なら2~3冊分。毎日の積み重ねと言うのは凄いものですね。

毎回たのしみに待ってくれて、しっかりと読んでくれる方も多く、自分としては「プロローグ」を書いてよかったと思っています。もちろん、本来の狙いは社員の皆さんとの直接の交流ですから、「プロローグ」のネタを魚に若手社員を中心に交流も積極的に図りました。「プロローグ」でダジャレを発することもしばしば。ここで細かく紹介するわけにはいきませんが最終回にはこんなダジャレも入れました。「私の役割はそろそろ終わり退任します。任期も残りあとわずか。『人気』はあるけど『任期』はない、『任期』はあるけど『人気』はない、どっち?」。社員の皆さんも答えようがなかったみたいですが……。

会社を退職して悠々自適、いや悠遊自主的になったら何をするのか――も書きました。第5章では数字で遊びましたが、ここではアルファベットで遊びました。

「まずはD～Jに挑戦します。A、B、Cからは離れます」。

「A、B、CとはAccount、Business、Corporateの略。これまでの仕事や会社からは距離を置きD～Jに取り組みます」。

DはDrive、EはEnglish、FはFamily history、GはGolf、HはHealth care、IはInternet、JはJoke&Jazzの略です。

こう書いたのは今から2年以上前なのでそれがきちんと実行できているかの振り返りも含めて簡単にご紹介します。


Driveは大学を卒業する間際に免許を取って、それから40年も乗っていなかった車の運転を再開すること。ペーパードライバーながら免許の書き換えだけはきちんと続けていました。近くの自動車教習所のペーパードライバーズコースに通い運転を再開、現在では毎日のようにドライブをたのしんでいます。40年ぶりの運転でびっくりしたことは車がオートマチックになって運転が易しくなったこと、教習所の教官が優しいサービス業になっていたことです。いずれその辺をとらえたダジャレ、笑例ができるかもしれません。

Englishは英語をぺらぺらと話せるようになること。こちらは意欲はあるのですが必要に迫られないのでなかなか上達しません。ぺらぺらどころか薄っぺらな状態です。入国審査で「ビジネスではなくエコノミーで来た」とは言いませんが正直不慣れです。Family historyは自分の家系、家の歴史を探ること。「養子イクゾウ」の身ながらご先祖の来し方には興味津々で、亡き養父のやり残したルーツ捜しを少しずつやっております。

Golfの上達も目指しましたが、今は月に1～2回。それほど好きでもないのでこんなもんかというペースです。上達よりもダジャレの新作の創造、ご披露の場になっています。スコアは100を切ったり切らなかったり。もう予算を100以上にやる必要はないはずなのですが…。

Health careは健康の維持管理。年を重ねれば体は弱ってくるので大事なことです。「ストレスで溜まった石取り　ストーンレス」以来、体調はいいのですが、後は「前立腺沿腺の会」入会1歩手前の状況が気になるところです。

Internetはパソコン、スマホも含めたIT機器の習熟です。これはこの原稿書きも含めてかなりの取り組みです。今やIT機器に触れない日はないぐらい。ノートパソコンを買い、無線LANを敷き、スマホも使う毎日です。

そしてJ。Jazzはビリー・ホリデイ、ペギー・リー、ジュリー・ロンドン、ヘイリー・ロレンなどの女性ボーカリストの魅惑的な歌声をCDでたのしむとともに、時々コンサートにも出掛けています。昨年夏も軽井沢の大賀ホールでジャズコンサートを堪能しました。

そして肝心のJoke。1日1ダジャレ、1日1笑をモットーに日々ダジャレ漬け、ダジャレ力向上に努める幸せな毎日です。昨秋は解禁なったボジョレ・ヌーボーのワインの味をたのしみながらダジャレ・ヌーボーの味もたのしみました。

なによりも本書がこのような形でまとめられたことが、Jokeへのこの2年の、いやこの40年、いや私の人生の中での取り組みの大きな成果です。

Kから先はどうするか。まだまだ人生の先は長いと思いますので、じっくりとK画(?)したい。ダジャレによる街おこしなども考えたい。ビジネスユーモアの普及にも努めたい。また機会があればご紹介したいと思います。


本書をお読みになって笑談力、ダジャレ力の向上にご興味を持たれた方はご一報ください。ご縁があれば交流いたします(連絡先メールアドレスはkawariyasu@smile.so-net.jp)。

最後になりますが、私を支えてくださったすべての皆様にこの場をお借りして感謝申し上げます。とりわけ今年13回忌を迎える、笑いの素晴らしさを私に身(実?笑例16)を持って伝えてくれた亡き父に改めて感謝する次第です。そして洋子、登史、愛、瑛史、応援ありがとう。

本書を発刊するにあたりLMコンサルティングの岡田正樹氏、日本書籍出版協会専務理事の中町英樹氏、ビジネス教育出版社編集部の小林朋恵氏には大変お世話になりました。

綾小路きみまろさんではありませんが「一言多かった事でお気を悪くされた方がいれば心からお詫び申し上げて」本書のエピローグといたします。

108の笑例一覧

笑例1 **カショブン所得**
宴席に舞い込んだ蚊をやっつけた時に報酬を要求 ▼P.23

笑例2 **トリニクい**
鶏肉が油で滑って箸でうまく取れない ▼P.26

笑例3 **パン・ノコッタ**
残ったパンはデザートに変身 ▼P.28

笑例4 **前立腺沿腺の会**
中高年の男性なら多くの人が参加できる沿腺の会 ▼P.34

笑例5 **ゴカイニン**
カイニン（解任）を丁寧に言うとゴカイニン（ご懐妊）に ▼P.48

笑例6 **コンシンの力**
懇親会は渾身の力を込めてやりましょう ▼P.49

笑例7 **オナカマ**
オナジ、カマのメシを喰った人がオナカマ（お仲間） ▼P.50

笑例8 **仕事で骨折らず**
仕事で骨折る前に自分の骨を折りました ▼P.51

笑例9 **sushi**
外国人はYa・sushiで寿司を連想 ▼P.53

笑例10 **ストーンレス**
ストレスで溜まった石取りストーンレス ▼P.54

笑例11 **チュウセンカイ**
抽選会でチュウ、センカイ。3か所押して参加賞 ▼P.55

笑例12 **551・556**
同じように数字が並びますが全く別物です ▼P.56

笑例13 **ベーコン違い**
燻製のベーコンと…… ▼P.57

笑例14 **3ポンド**
1日に同じ池に3回落ちました ▼P.69

笑例15 **歯医者復活**
通っていた歯医者が休業、復活して獣医に ▼P.71

笑例16 **風呂での失敗**
うまくやったはずの一発がとんでもないことに ▼P.72

笑例17 **モウ、チョウがない**
盲腸の疑いでやむなく救急車で運ばれる ▼P.74

笑例18 **先生のあだ名**
高校時代は先生のあだ名を密かにつけていました ▼P.75

笑例19 **サクランボー**
酔ってサクランしてボーとしていると大変なことが起きる ▼P.76

笑例20 **テンボウない**
点棒ない人は展望ない人になる ▼P.78

笑例21 **撒き餌**
上から下からの撒き餌で大漁 ▼P.79

笑例22 **シートベルト**
シートベルトが外れない ▼P.81

笑例23 **ウォシュレット**
初めてウォシュレットにご対面で ▼P.83

笑例24 **ピータン**
ナスの漬物とピータンは似ています ▼P.84

笑例25 **お茶のみ……**
お茶飲みましょうか、御茶ノ水でしょうか ▼P.85

笑例26 **ドライバー手袋**
ゴルフで使う手袋は、どっち ▼P.86

笑例27 フォアグラ
バイアグラの倍効くものがあります ▼P.92

笑例28 レン・コン
レンアイを密かに実らせてケッコンに ▼P.95

笑例29 返答せん
扁桃腺が腫れていると… ▼P.96

笑例30 カシワ
鶏肉食べて帰る駅は ▼P.96

笑例31 アス・パラ・ガス
明日の腹とガスはこれで大丈夫 ▼P.97

笑例32 ジロー
すきやばし次郎だけがジローではない ▼P.97

笑例33 老スター
往年のスターは牡蠣がダメでした ▼P.97

笑例34 神社エール
神社でエールをおくるとジンジャエール ▼P.98

笑例35 定刻ホテル
いつも時間通りに事が運ぶホテルです ▼P.98

笑例36 エビデンス
いいエビには契約書が付いています ▼P.98

笑例37 オクラ入り
粘りを発揮して没にならないように ▼P.99

笑例38 馬の耳に
聞こうとしないと念仏も不燃物になる ▼P.99

笑例39 帽子の効果
帽子の効果はいろいろあります ▼P.99

笑例40 頭だけ
頭だけ顔出す人の尻はどうなる ▼P.100

笑例41 ワケアリ
世の中で一番多いアリの種類 ▼P.100

笑例42 スープカレー
発祥の地はツユ知らず ▼P.100

笑例43 同期、息切れ
年取ったわが同期は動悸、息切れ、求心力が落ち ▼P.101

笑例44 資本・景気
難しいようで美味しいセミナー ▼P.101

笑例45 ス
大工の息子と寿司屋の娘を結びつけたのは ▼P.101

笑例46 バイキング
キングの倍強い王様。もっと強い王様は ▼P.102

笑例47 焙煎
コーヒーに深入りしそうな ▼P.102

笑例48 朝刊とかけて
ケサきてキョウよむ ▼P.103

笑例49 銭湯の儲け
スーパー銭湯の儲けはどのぐらいか ▼P.103

笑例50 資産
一生遊んで暮らせる資産額は ▼P.103

笑例51 キッチン直し
ちゃんと直してほしい ▼P.104

笑例52 鍋料理の〆
雑炊に水を加えて ▼P.104

笑例53 窮屈
9人の靴が並べば間違えます ▼P.104

笑例54 サルの身
老兵は去るのみ ▼P.105

笑例55 ローボール
ハイボールの薄目 ▼P.105

笑例56 うすめ、むすめ
「うすめ」と「むすめ」は似ているようで似ていない ▼P.107

笑例57 コウリゴウリ
頭を冷やしたい時には氷が一番 ▼P.108

笑例58 店員オーバー
狭いエレベーターに店員さんまで乗ったら定員オーバー ▼P.108

笑例59 ウラナイ
ウラナイということはオモテアリ、オモテナシ? ▼P.108

笑例60 ヒショヒショ話
秘書同士の話はお静かに ▼P.109

笑例61 ヤケイ
夜景を見ながらヤケイにサムイ夜です ▼P.109

笑例62 ボタンダウン
シャツのボタンがとれました ▼P.109

笑例63 勤続疲労
長い間勤めていると金属疲労のように勤続疲労が溜まります ▼P.110

笑例64 納戸は何度
納戸の温度を保つには難度があります ▼P.110

笑例65 チグハグ
慣れない人がハグをやってもチグハグになります ▼P.110

笑例66 カサ
カサがないとカサナイことに ▼P.110

笑例67 イーグルの会
ゴルフの会ではなく、お値打ちグルメの会です ▼P.111

笑例 68 四十肩
始終肩が痛い人は石灰が溜まった四十肩かも ▼P.120

笑例 69 開腹
開腹しないと回復が早い ▼P.121

笑例 70 年カサ
年カサ増せばお肌もカサカサに ▼P.121

笑例 71 ハルが来た
ハルはどこから来るのでしょう ▼P.123

笑例 72 サワラ・ナイデ
サワラは人気でなかなかお目にかかれません ▼P.123

笑例 73 スプリング
春はウキウキして飛び跳ねたくなります ▼P.123

笑例 74 ナツカシイ
昔ながらの夏のお菓子はナツカシイ ▼P.124

笑例 75 カキ厳禁
夏は生ガキを食べるには向いていません ▼P.124

笑例 76 ホタル
ホタルの宿のご案内はホータル・サ(イ)トから ▼P.124

笑例 77 イイチョウシ
イチョウの調子もイイチョウシ ▼P.125

笑例 78 ホッタイモ
ホッタイモイジルナでいま何時 ▼P.125

笑例 79 トウカ親しむ
灯火親しむ秋は本当か ▼P.125

笑例 80 クエない
クエない魚のアラ探し ▼P.126

笑例 81 ショウサイフグ
フグ好きならではの詳しい解説 ▼P.126

笑例82 カイセン親子丼
代金を立て替えてもらっても高くてはカイセン・ドン ▼P.126

笑例83 吉野ガリ
新しい頭の刈り方です ▼P.127

笑例84 カッパドキアッ
トルコにもカッパがいるかも ▼P.127

笑例85 ウラジヲストック
ウラジ仕様のビンテージアロハはここにも ▼P.128

笑例86 ヨ・ウシイクゾ・ウ
思い切って養子に行きました ▼P.129

笑例87 バーナンキ氏
難しい人名をこうして覚えました ▼P.129

笑例88 シジクレイ選手
サッカー選手には的確なシジが重要です ▼P.129

笑例89 メンドーサ投手
プロ野球の外国人助っ人も日本に慣れれば大活躍 ▼P.130

笑例90 野党と与党
その間にある「ユとり」で距離が縮まるか ▼P.130

笑例91 イシン
維新の威信をかけた戦いも和解、次の段階に ▼P.131

笑例92 show you
「show you」には「show me」期限もあります ▼P.132

笑例93 law school
「high school」出た人も行くの? ▼P.132

笑例94 プライドポテト
誇りを持って揚げたポテトフライです ▼P.133

笑例95 good job
いい仕事なら長持ちして丈夫 P.133

笑例96 コント・ラスト
最後のコントは鮮やかに決めたい P.133

笑例97 ダジャレ飲み会
ある飲み会で出された盛りだくさんのダジャレ P.135

笑例98 ダジャレ・カップ戦
ダジャレ好きゴルファーの繰り出すダジャレ・ショットの数々 P.140

笑例99 キョウジュ
教授の許容範囲 P.152

笑例100 カイキン
就活で困るのは採用解禁日の変更 P.153

笑例101 郵政3社
株式公開した郵政3社 P.153

笑例102 都市機能
都市の発展には投資が欠かせない P.154

笑例103 セカイ
セカイはひとつが正解 P.155

笑例104 ダジャレ・レストラン
ダジャレの効いた奇抜なメニュー溢れる空想上のレストラン P.158

笑例105 ネズミーランド
ミッキーやミニーのいるレジャー施設は P.171

笑例106 無灯火
無灯火を計画停電と言うには無理がある P.172

笑例107 サンキュー
産休から復帰すれば喜ばれる P.173

笑例
108
踏み切り

この踏切を渡れるのはだれ？

▼
P.
173

著者略歴

川堀　泰史（かわほり　やすし）

ダジャレクリエイター

1950年生まれ。1974年早稲田大学商学部卒業。同年日本経済新聞社入社。東京本社広告局配属。1996年東京本社広告局マーケティング調査部長、1998～1999年社長室、2000～2001年大阪本社広告局産業流通広告部長、2002～2003年電波本部副本部長、2004年東京本社広告局総務、2005年東京本社広告局長。2007年日経リサーチ常務、2008年日経BPアド・パートナーズ社長、2010年日本経済社社長、2014年日本経済新聞社顧問、2016年3月同社退社。

日本新聞協会広告委員会委員長（2005年度）、日経広告研究所理事（2010～2013年度）、日本広告業協会理事（2010～2013年度）などを務める。

<主な論文>

- 「価値観の変化と広告」（1976・日本新聞協会新聞広告論文賞佳作）
- 「ニューマーケティング時代における新聞広告の可能性－顧客（読者）データベース構築に関する一考察－」（1985・日本新聞協会新聞広告論文賞入選）
- 「新聞媒体から見た広告マネジメント」（1993・日経広告研究所報148号）

明日使える仕事術　笑談力　～思わず微笑むダジャレ108選～

2016年7月7日　初版第1刷発行
2017年5月25日　初版第2刷発行

著　者　川　堀　泰　史
発行者　酒　井　敬　男

発行所　株式会社ビジネス教育出版社

〒102-0074　東京都千代田区九段南4-7-13
TEL 03(3221)5361(代表)／FAX 03(3222)7878
E-mail▶info@bks.co.jp URL▶http://www.bks.co.jp

印刷・製本／シナノ印刷㈱　　装丁・本文デザイン・DTP／エルグ

落丁・乱丁はお取り替えします。

ISBN978-4-8283-0622-3